职业培训教材　　国际商务类职业活动导向教材

外贸业务实务

毛军育　主编

中国劳动社会保障出版社

图书在版编目(CIP)数据

外贸业务实务/毛军育主编. —北京：中国劳动社会保障出版社，2012
职业培训教材　国际商务类职业活动导向教材
ISBN 978-7-5045-9801-1

Ⅰ.①外…　Ⅱ.①毛…　Ⅲ.①对外贸易-贸易实务-中国-职业培训-教材　Ⅳ.①F75

中国版本图书馆 CIP 数据核字(2012)第 136141 号

中国劳动社会保障出版社出版发行
(北京市惠新东街 1 号　邮政编码：100029)
出 版 人：张梦欣

*

北京金明盛印刷有限公司印刷装订　新华书店经销
787 毫米×1092 毫米　16 开本　5 印张　110 千字
2012 年 7 月第 1 版　2017 年 9 月第 2 次印刷
定价：12.00 元
读者服务部电话：(010) 64929211/64921644/84626437
营销部电话：(010) 64961894
出版社网址：http://www.class.com.cn

前　言

为适应对外贸易增长方式的转变和外贸企业对技能性人才的需求，根据高等职业教育发展和改革的新形势，福建对外经济贸易职业技术学院紧密围绕教育部《关于加强高职高专人才培养工作的若干意见》和《关于全面提高高等职业教育教学质量的若干意见》等文件，深化高职教育的培养目标和企业职业技能鉴定要求，与福建省职业技能鉴定中心密切合作，广泛深入各大外贸企业，与外贸业务骨干反复研讨。经过6年多的努力，终于形成了国际商务专业“课证深度融合”的人才培养模式，编写出一套国际商务类职业活动导向教材，包括《单证缮制与操作》《外贸单证实训》《出口跟单操作》《进口跟单操作》《外贸跟单实训》《外贸业务实务》和《外贸业务实训》等7本教材。

本套教材在教材定位、体系构建和内容组织上具有以下几个特点：

1. 构建“课证融合”的培养模式

把国际商务专业的培养目标直接定位为外贸单证、外贸跟单、外贸业务三个典型工作岗位，与人力资源和社会保障部职业技能鉴定专项职业能力证书考核相衔接，与行政职业认证相衔接，体现课程与企业岗位融通、课程与职业证书融通、课程与工作过程融通的“课证深度融合”的特点，充分反映以技能和能力培养为本位，以企业需求为基本依据，以就业和职业发展为导向的职业教育培训先进理念，使学生成为企业生产服务一线迫切需要的高素质技能型人才。

2. 采用工作过程导向的课程体系

按照岗位典型工作任务组织教学内容，模拟真实的工作情景，以工作过程为导向，将基本理论和基本操作方法有机结合在一起，兼顾“知识点”“技能点”和“能力点”三者，充分发挥学生的主动性和积极性，构建开放、富有弹性、充满活力的课程体系，有利于学生技能操作能力以及职业综合素质的培养，最终力求实现与企业岗位要求的无缝接轨。

3. 实务与实训相结合，强化操作

为了强化实操能力，服务职业证书考核的需要，本套教材采用实务加实训的教材模式。例如，外贸单证员考核，学生学完《单证缮制与操作》后，通过配套《外贸单证实训》练习，加强实操训练，从而进一步提高实操能力。

本套教材可作为高职高专国际商务专业教材，也可作为职业资格认证考核用书，还可作为外贸从业人员参考用书。

本套教材在初期研讨和后期审核中得到包括福建省外贸界老前辈陈光祖先生、福建福田服装集团国际贸易部蔡晓航经理、福州万德电气有限公司国际市场部阮国宁经理，以及优秀外贸企业家赖洲明总经理等企业界一线人员的支持和帮助，在此我们表示诚挚的谢意，并衷心欢迎同行和广大读者对教材中存在的不足提出宝贵意见和建议。

编　者

2012 年 2 月

简　介

本书紧紧围绕高职高专国际商务专业外贸业务员的典型工作岗位，以外贸业务工作过程为主线，结合流通型外贸企业的工作内容，设置了进出口准备操作、建立客户关系、交易磋商、报价与核算、签订外贸合同，以及进出口善后处理等六个典型工作任务，模拟真实工作情景，通过学生主动学习、完成整个工作任务的过程，使其掌握外贸业务员应具备的理论知识和技能操作能力，并形成相应的职业综合能力素质，以期达到外贸企业用人要求。

本书由毛军育主编，曾靓、张丽英、周金铁、詹小琦等参与编写。

目　　录

导　论

一、外贸业务员的定义

在传统意义上，人们认为外贸业务员仅是从事对外贸易业务的销售人员。随着国际贸易逐步发展和外贸业务员知识与技能的提高，现在普遍认为，外贸业务员是指在进出口业务中从事寻找客户、贸易磋商、签订合同、组织履约、核销退税、处理争议等进出口业务全过程操作和管理的综合性外贸从业人员。

二、外贸业务员的职业要求

要想成为一名合格的外贸业务员，首先，要熟悉外贸单证员和外贸跟单员等与外贸业务有关的各种岗位的工作流程。在外贸业务中，对外贸业务员的要求大大高于其他工作岗位，其他工作岗位从业人员要具备的知识和能力，外贸业务员都要在一定程度上兼备。

其次，外贸业务员要充分了解产品性能，预见产品可能出现的问题，并能提出相应的解决方案，在外贸洽谈中能准确回答客户提出的各种问题。

再次，外贸业务员要熟悉外贸流程，能够独立操作订单，并挖掘广泛而稳定的采购对象和客户资源，具备优秀的外语听说与写作能力，能胜任与客户之间的商业信件联系和商务谈判工作。

最后，一名合格的外贸业务员还应具有较强的人际交往和沟通协调能力，一定的随机应变和灵活处事意识，强烈的责任感和积极的工作状态，最重要的是具有诚信的基本素质和良好的个人修养。

三、外贸业务员工作内容

（一）出口业务

根据出口业务流程（见图 1），在出口业务中，外贸业务员要完成出口准备工作、磋商签约工作、出口履约工作和出口善后工作四个工作项目，每个工作项目又包括若干个工作任务。下面重点介绍 CIF 术语条件下流通型外贸企业自营出口业务中外贸业务员的工作任务。

1. 出口准备工作

出口准备工作充分与否，直接关系到出口业务的成败。出口准备工作包括：

（1）熟悉商品和了解市场。熟悉商品和了解市场是外贸业务员出口业务工作的起点。外贸业务员只有熟悉商品和了解国内外市场行情之后，才能确定贸易商品，才能在出口磋商中做到胸有成竹。

（2）寻找国外客户和选择国内供货企业。外贸业务员熟悉商品和了解市场之后，可借助

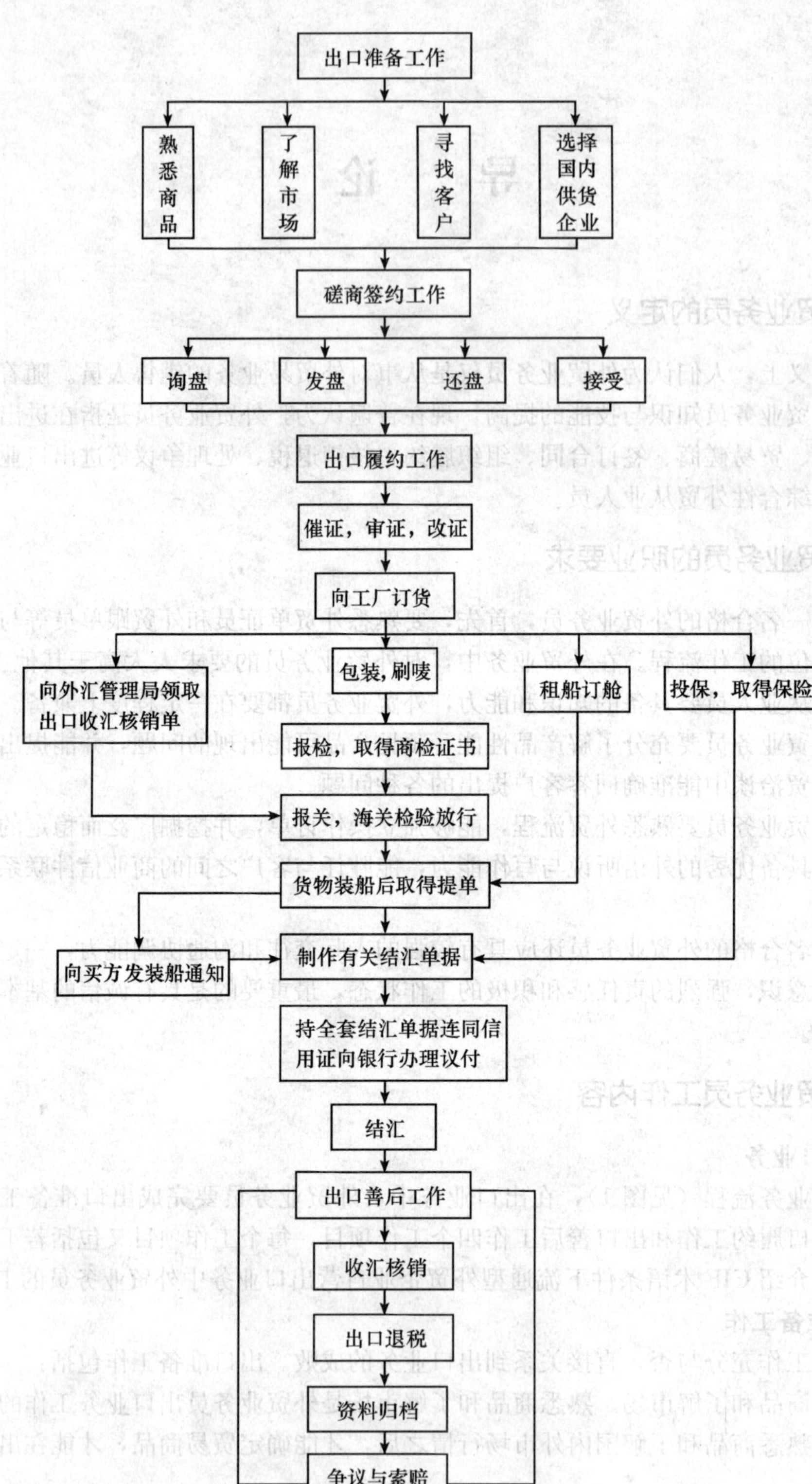

出口准备工作
熟悉商品
了解市场
寻找客户
选择国内供货企业
磋商签约工作
询盘
发盘
还盘
接受
出口履约工作
催证，审证，改证
向工厂订货
向外汇管理局领取出口收汇核销单
包装，刷唛
租船订舱
投保，取得保险单
报检，取得商检证书
报关，海关检验放行
货物装船后取得提单
向买方发装船通知
制作有关结汇单据
持全套结汇单据连同信用证向银行办理议付
结汇
出口善后工作
收汇核销
出口退税
资料归档
争议与索赔

图 1　出口业务流程图

国内外展销会、网络资源、第三方介绍、广告等有效途径寻找国外客户。然后对众多国内供货企业进行筛选，最终选择若干信誉好、生产能力强又有合作意向的国内供货企业，为以后顺利开展出口业务提供稳定的货源保障。

2. 磋商签约工作

磋商签约工作是外贸业务员的核心工作项目，包括询盘、发盘、还盘、接受和签约五个工作任务。其中，发盘、接受和签约是必不可少的工作环节。

（1）询盘和发盘。在出口业务中，外贸业务员接到国外客户的询盘之后，向国内供应商询问商品价格、向相关部门了解各项出口费用，再进行出口报价核算，经过相关领导审批通过后，对外发盘。发盘是出口业务中最重要的环节之一，外贸业务员一定要重视这一环节的工作。

若交易对方是新客户，交易商品是新产品，发盘之前要增加两个调查工作环节：一是调查国外客户资信，规避国外客户信用风险；二是调查国内外该商品贸易限制政策，解决本企业能否出口该产品的问题。

（2）还盘。在出口业务中，发盘之后，双方往往要进行多次还盘来回操作。还盘是磋商谈判工作的关键阶段，是谈判双方求同存异、合作、谅解、让步的阶段，也是最困难、最紧张的阶段。

（3）接受和签约。若双方就价格以及其他主要交易条件达成一致，即为接受。接受之后，一般都会最终签署书面出口合同。出口合同是约束买卖双方的法律文件，外贸业务员在签订出口合同时，一定要事先充分考虑履约时可能出现的各种情况，以免出口履约时处于被动局面。

3. 出口履约工作

在出口履约阶段，外贸业务员主要负责组织、协调和领导外贸单证员和外贸跟单员（若有）开展各项履约工作。可以说，出口履约工作是最能体现团队精神的工作环节。出口履约主要包括以下工作：

（1）催证、审证和改证。在信用证结算方式下，若接近合同规定的开证日期时仍未收到信用证，外贸业务员应向进口商发催证函，催其早日办理申请开证手续。出口商收到信用证之后，要根据合同仔细审核信用证条款；若信用证中有与合同不一致、又无法办到的条款，应向进口商发修改函，要求其向开证行提出改证申请；在确认信用证条款无误后，开始备货生产工作。

在前 T/T 结算方式下，外贸业务员确认收到进口商汇来合同规定的电汇款之后，开始备货生产工作；在后 T/T、D/P 和 D/A 结算方式下，出口签约之后直接进入备货生产工作。

（2）签订内贸合同和备货生产。为了控制合同风险，外贸业务员一般在确认信用证或收到预付款后，才与国内供货企业签订正式的内贸合同，即购货合同。在此之前，一般只是向国内供货企业表示初步的购货意向。

签订内贸合同后，外贸业务员应催促或指示外贸跟单员（若有）催促国内供货企业尽早落实生产计划并投入生产；在生产过程中，做好原材料采购、生产进度、产品包装和产品质量等各项跟踪工作，以保证国内供货企业能按出口合同要求保质保量按时出货。

(3) 货物出运。在货物出运阶段，外贸业务员要完成如下工作：

➢托运：在出口业务中，一般在国内供应商完成大部分货物生产时，外贸业务员指示外贸单证员通过货代公司向船公司办理租船订舱手续。船公司配舱成功后，外贸业务员在货代公司协助下安排货物装箱和集港工作（在 CFR 术语成交时，同 CIF 术语成交的操作；在 FOB 术语成交时，接到进口商的装货指示之后，联系其指定的货代公司做好船货衔接工作）。

➢报检：若出口货物为法定检验商品，外贸业务员要指示国内供货企业向产地商检局办理代理报检手续。若产地为报关地时，则检验通过后，商检局出具出境货物通关单；若产地与报关地不是同一地方，则产地商检局出具换证凭单或电子换证凭条，再通过货代公司向报关地商检局换取货物通关单，作为报关随附单据。

若合同规定货物需经进口商检验合格后才能出运，则需联系进口商或其代理及时办理检验，即客检。客检通过后，进口商或其代理签发客检证。客检证往往作为结汇单据之一。

➢报关：外贸企业向外汇管理局申领并填制出口收汇核销单，作为报关随附单据。在配舱成功、办好报检手续、货送海关监管场所后，外贸企业或其所指示的货代公司向海关办理报关手续。海关查验通过并征收税费后，在装货单上盖“海关放行章”，在出口货物报关单的出口收汇证明联、出口退税证明联以及出口收汇核销单上盖“海关验讫章”，同意放行。

➢装船：货代公司凭加盖“海关放行章”的装货单，将货物装上指定载货船舶；然后凭船长或大副签发的场站收据或大副收据至船舶代理人处换取正本海运提单。

➢投保：外贸业务员一般在报关成功后指示外贸单证员按合同或信用证规定向保险公司办理投保手续。保险公司同意承保后，签发保险单据。

(4) 制单与审单、收汇。

➢制单与审单：外贸业务员指示外贸单证员根据信用证或合同的单据要求制作或办理相关单据，然后审核单据，使其达到单证一致或单约一致、单单一致。

➢收汇：在信用证结算方式下，外贸业务员指示外贸单证员在信用证规定的交单期内向开证行指定的银行进行交单收汇；在 D/P 或 D/A 结算方式下，向托收行交单收汇；在前 T/T 结算方式下，向进口商直接寄单；在后 T/T 结算方式下，向进口商寄单后收汇。

4. 出口善后工作

外贸企业收到出口货款后，要做好以下几项出口善后工作：

(1) 出口收汇核销。外贸业务员要指示外贸单证员在规定的时间内催促货代公司尽快办理退回出口收汇核销和出口退税的相关单据。收到单据后，向当地外管局提交出口收汇核销单、出口货物报关单、出口收汇证明联、银行结汇水单或收账通知等，办理出口收汇核销手续。外管局同意核销后，在出口收汇核销单出口退税联盖“已核销章”退外贸企业。

(2) 出口退税。外管局同意核销后，外贸企业凭出口货物报关单（出口退税联）、出口收汇核销单（出口退税专用联）、增值税专用发票（抵扣联）和出口发票，向主管退税业务的税务机关办理退税手续。

(3) 资料归档。业务结束后，把单证、信用证、合同等资料归档。

（4）争议与索赔。在出口业务过程中，若出现合同违约、货物遇险等意外事件，外贸业务员需处理争议与索赔工作。

（二）进口业务

根据进口业务操作流程（见图 2），在进口业务中，外贸业务员要完成进口准备工作、磋商签约工作、进口履约工作和进口善后工作等四个工作项目，每个工作项目又包括若干个工作任务。下面以外贸流通企业代理进口业务流程为例，概述 FOB 术语条件下一般进口业务中外贸业务员的工作任务。

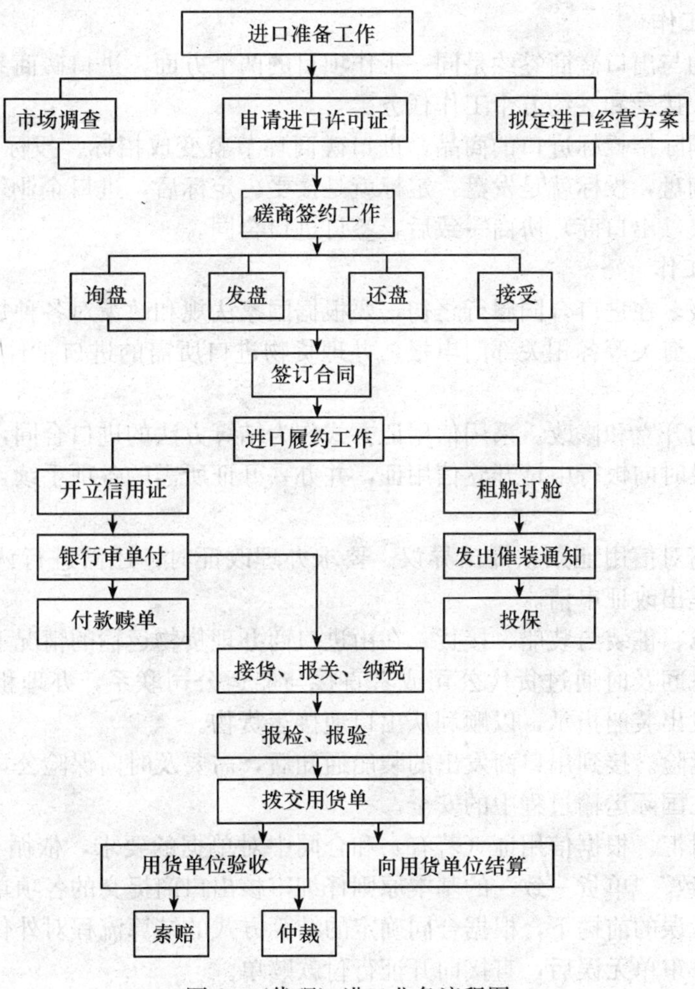

图 2　（代理）进口业务流程图

1. 进口准备工作

开展进口业务的企业需具备对外贸易经营权，涉及国家指定商品进口的，需事先获得政府有关部门的经营许可，如原油、成品油、化肥、煤炭、危险品、铁矿砂、汽车等商品的进口许可。凡涉及国家指定商品经营的，需按规定办理指定商品经营审批，没有获得批准的企业不能从事这类商品进口业务。

进口准备工作包括：

（1）熟悉商品和了解市场。外贸业务员只有熟悉进口商品和了解该商品在国内外市场行情之后，才能办理该商品的进口工作。

（2）选择国外客户和寻找国内经销商。外贸业务员可以借助国内外展销会、网络资源、第三方介绍、广告等有效途径寻找国外客户，并对其生产能力、产品质量、服务质量、资信状况进行调查，然后选择若干理想国外客户；同时要寻找国内有实力的经销商，以保证进口商品能够顺利销售。

2. 磋商签约工作

进口磋商签约与出口磋商签约是同一工作项目的两个方面，进口磋商签约工作也包括询盘、发盘、还盘、接受和签约五个工作任务。

对于需通过国际招投标进口的商品，进口磋商环节就变成招标、投标和定标三个环节。招标实际上就是询盘，投标就是发盘，定标就是接受。定标后，进口企业外贸业务员就进口合同细节与中标人（出口商）协商一致后，签订进口合同。

3. 进口履约工作

（1）进口申报。在进口合同履行之初，要根据国家法规和政策对各种货物和合同的相关规定，向商务部、海关等各相关部门申报，办理货物进口所需的进口批件，如进口许可证、进口免税证明等。

（2）信用证的开立和修改。采用信用证方式作为结算方法的进口合同，还必须在合同规定的有效时间内及时向银行申请开立信用证，并办妥开证所需的各项手续，缴纳相应的开证押金和手续费。

在国外出口商对信用证条款提出异议、要求办理改证时，还需进行认真审核，根据需要，向开证银行提出改证申请。

（3）租船订舱、催装与装船、接货。在由进口商办理货物运输的情况下，进口商还需要根据出口商交货时间及时通过货代公司或者直接与船运公司联系，办理租船订舱等托运工作，并向出口商发出装船指示，以顺利从出口地接运货物。

（4）投保货运险。接到出口商发出的装船通知后，需要及时向保险公司办理货物运输保险，以确保货物在国际运输过程中的安全。

（5）审单和付汇。根据信用证（若有）和合同中对单据的要求，依循“单证一致”“单单一致”“单同一致”“单货一致”的基本原则仔细审核出口商提交的各项单据。

在审核单据无误的前提下，根据合同确定的结算方式的结算流程对外付款。例如，在信用证结算方式下，审单无误后，直接向开证行付款赎单。

（6）报检与报关。对于法定检验商品，必须在规定的期限内向商检局提交入境货物报检单和其他随附单据，以办理进口报检手续。法定检验进口货物，只有在商检局已检验登记的前提下，海关才会验放货物。

货物检验通过后，可凭海关规定的相应单据向海关办理进口货物通关手续。海关经过查验、征税、放行后，进口商才可以提领货物。

4. 进口善后工作

（1）进口付汇核销。信用证、D/P、D/A 和前 T/T 结算方式下，由进口单位自行到外汇管理局办理进口付汇核销。后 T/T 结算方式下，由付汇银行负责审查付汇单位提供的有关资料，完成对外支付后，银行予以自动核销。

（2）争议与索赔。在进口业务过程中，若出现合同违约、货物遇险等意外事故，外贸业务员还要处理争议与索赔事宜。

（3）资料归档。业务结束后，外贸业务员还须将单证、信用证、合同等资料归档。

工作任务一

进出口准备操作

一、学习目标

➢能力目标：能够利用多种途径熟悉产品，能通过各种途径了解市场，能运用各种途径寻找客户，能做好参加交易会的各种准备工作。

➢知识目标：了解熟悉产品的途径，掌握了解市场的方法，熟悉寻找客户的途径。

二、工作项目

福建环宇进出口有限公司（FUJIAN HUANYU IMPORT AND EXPORT CO.，LTD.）成立于1990年，是经外经贸部批准成立的具有进出口经营权的贸易公司，主要从事纺织服装、轻工业品、日用品、五金产品等产品进出口业务。公司坐落在福建省福州市，下设业务部、单证储运部、财务部、人事部等部门。2009年7月，公司因为业务需要招聘了一名新业务员徐娟，从事纺织服装出口业务工作。作为新业务员，徐娟必须为独立开展出口业务做好充分的准备工作。

➢任务1：通过多种方式熟悉纺织服装产品知识。

➢任务2：通过多种方式了解纺织服装出口市场。

➢任务3：公司决定派徐娟参加第107届广交会，徐娟须做好参展准备。

三、操作示范

第一步：通过多种方式熟悉纺织服装产品知识。

1. 通过网络搜索纺织服装产品基础知识，重点了解产品分类、产品生产工艺、产品专业术语等知识

徐娟通过网络搜索纺织服装产品知识，加深自己对产品的认识，经过一段时间的积累大有收获。例如，徐娟掌握了服装产品的多种分类法：服装根据用途可以分为内衣和外衣；根据穿着组合可以分为整件装、套装、外套、背心、裙、裤等；根据服装面料与工艺制作可以分为中式服装、西式服装、刺绣服装、呢绒服装、丝绸服装、棉布服装、毛皮服装、针织服装、羽绒服装等；根据性别可以分为男装与女装；根据年龄可以分为婴儿服、儿童服、成人服等；根据服装的厚薄和衬垫材料不同还可分为单衣类、夹衣类、棉衣类、羽绒服、丝棉服等。每一种分类中又可进行细分。外贸业务中涉及的具体商品通常都是综合运用多种分类方式确定的，如女式全棉夹克等。

此外，徐娟还初步了解了服装生产的主要工序，如梭织服装要经过面辅料进厂检验、技术准备、裁剪、缝制、锁眼钉扣、整烫、成衣检验、包装、入库或出运等多个环节。对于产品专业术语，包括中英文专业术语的识记需要一个长期的积累过程，徐娟为此专门准备了笔记本，记录随时遇到的专业词汇，如 LABDIPS（色样）、SIDEPANEL（侧幅）等。

2. 通过与老业务员沟通，掌握纺织服装生产过程的关键环节

徐娟在积累产品知识方面，除利用网络资源外，还经常与老业务员沟通、向其请教，以进一步掌握纺织服装生产过程的关键环节，掌握控制产品品质的关键要素，提升业务洽谈能力。

3. 深入样品间及工厂，实地了解产品生产过程

徐娟利用每一次机会深入样品间及工厂，了解产品生产过程，增加感性认识，进一步增强对产品的了解。能够深入了解一类或一种产品的专业知识，对业务员来说至关重要，是业务员顺利开展业务的基础。

第二步：通过多种方式了解纺织服装出口市场。

1. 通过网络搜索我国纺织服装出口主要目标国

徐娟接触纺织服装出口行业时间不久，对于纺织服装产品出口情况并不了解。她根据中国海关公布的数据了解到，2009 年 1—3 月我国纺织品服装累计出口 349.32 亿美元，其中，纺织品累计出口 128.87 亿美元，服装累计出口 220.45 亿美元。2009 年第一季度纺织服装产品主要出口国家和地区为欧盟、美国、日本，如图 1—1 所示。徐娟也就更多关注这三个国家和地区对于中国纺织服装产品进口的政策。

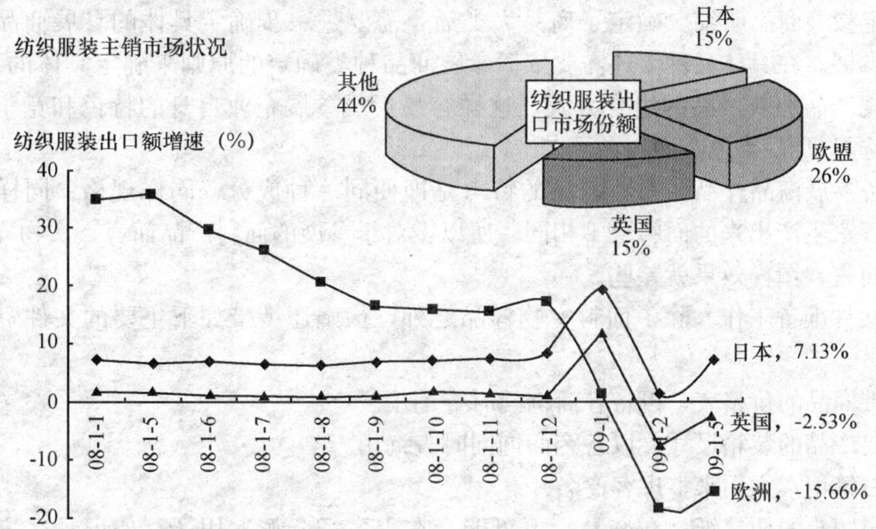

图 1—1　2009 年第一季度纺织服装产品主要出口国家和地区

资料来源：中国海关。

2. 通过网络搜索、向老业务员请教了解不同目标国的情况

增加对出口主要目标国的了解对新业务员很重要。徐娟通过网络搜索不断丰富自己对目标市场的了解。如欧盟中的德国，徐娟对其地理、人口、经济等方面都有了一定的了解。

德国是欧洲最大的经济体及人口第二大国，是欧洲的政治、经济中心之一。德国地处波罗的海沿岸，位于荷兰、波兰之间，面积 357 021 平方公里，人口 8 200 万，男女性别比为

0.97：1。国家为联邦共和国政体，首都柏林是欧洲主要城市之一。德国是高度发达的工业国，经济总量居欧洲首位。德国工业侧重重工业，汽车和机械制造、化工、电气等部门是其支柱产业，占全部工业产值的40%以上。主要进口产品包括机械、设备、化学品、纺织服装、金属等。德国作为欧盟主要成员国，秉承自由贸易政策，但对进口商品的安全、环保等指标要求较高。如向德国出口服装，要尤其注意服装染料不可含偶氮染料等。

徐娟认识到，对目标市场的充分了解是需要花大力气完成的，也将是一个长期的过程，在以后的工作中还需要继续坚持。

第三步：通过多种方式开发客户，做好广交会参展准备，充分利用交易会平台开发客户。

1. 做好广交会参展准备

(1) 参展商品准备工作：

➢确定参展商品种类。确定参展商品种类要以“专业、有针对性”为原则。新员工在准备参展商品时有一种“唯恐产品带不全”的心理，这种心理不可取。广交会上同类商品的大量厂家集中在一起，如果你的参展样品种类繁多且无特色，很容易淹没在展厅中，给人繁杂的感觉。所以，参展商品要有针对性、要体现出参展厂家的专业程度。当然，对商品大类的选择应该综合考虑厂家自身的优势产品、国际流行时尚、竞争者情况等多方面的因素。所以，徐娟最终决定以公司出口实力最雄厚的纺织服装产品作为参加本次广交会的主打产品。

➢确定参展商品明细。确定了商品大类后，需要进一步确定具体的参展商品种类。比如，面料参展。在具体品种上还需要依据参展商品种类确定的原则来确定具体的参展面料，要采用常规产品加新产品的组合方式，这样容易形成参展企业自身的特色和竞争力。临行前，徐娟选择 T/C 染色布面料参展。

➢准备参展商品样品。面料产品的特点是即便同一种成分、同样规格、同样颜色的面料，不同厂家生产出来的面料也不相同，所以，对于参展的面料产品而言，实物样品至关重要，相比而言，图样效果就差些。

(2) 文件准备工作。除了面料实物样品之外，徐娟还携带如下主要的文件资料参加展会，包括：

➢所带商品的价格表，以备客商询问时查询用。

➢主要产品的装箱尺寸，以备客商询问时查询用。

➢空白笔记本，用来整理客商名片。

➢公司题头的便笺纸，在交易会上可能会在很多场合派上用场。如记录客户需要的信息、粘贴面样等。有时客户不一定能记住曾拜访过的厂家，而用自己公司题头的便笺纸粘贴他感兴趣的布样展示给他看，他很有可能会将其带回本国，如此一来，交易的成功性就大大提高了。若碰到交易会上下单的客户，公司题头的便笺纸可能会有更多的用武之地。

➢空白发票，主要是为交易会上下单的客户准备。

➢个人名片，分发名片给潜在客户以积累商机，是参加广交会的重要目的。为此，徐娟特意印制了许多个人名片，用订书机订在公司产品目录宣传单页上，以供客户取阅联系之用。

(3) 工具准备工作。对于任何参展商品，要在交易会上向客商展示它的良好品质，可能都有这样或那样的工具需要使用。对于纺织面料来讲，工具准备工作相对轻松，徐娟带了常见的工具，主要是剪刀（剪布样用）、照布镜（测算面料经纬密度用）、打火机（验证面料成分用）、胶带纸（粘贴布样用）、订书机（钉名片用）等。

(4) 知识准备工作。知识准备工作很难界定，参展前要尽可能地熟悉参展商品，包括报价、规格等。客商每询问一种商品，业务员都不得不翻报价单，就显得太不专业，容易引起客商的不信任。此外，对于参展商品的产品知识也要尽可能地充实一下，来咨询商品的客商极有可能是经营该类商品多年的厂商，他们随口询问的专业问题很有可能成为交易成功与否的关键。所以，业务员对参展产品越熟悉越好，这是业务员专业水平的体现。

同事提醒徐娟，在参展前的这段时间，除做好参展准备工作外，还须多花时间熟悉产品知识。

2. 参加广交会

2010 年 4 月 14 日，徐娟前往广州参加广交会。广交会期间，徐娟接触了来自不同国家的众多客商，形形色色的客商不仅考验了她的业务水平、专业知识、英语水平，还考验了她的心理素质与身体素质。广交会期间工作强度大，每天要应对各种各样的采购商，经常遇到各式各样的专业问题或困难，对一名外贸新人来讲，是一次非常好的锻炼机会。

徐娟每天协助同事接待大量的客商，逐渐发现客商的交易意愿不同，表现出来的态度也有所不同。有些客商询问得非常专业、详细，甚至会谈及交易的具体条件；也有些客商不过走马观花，随便问问。徐娟细心地将所有的客商进行了大致的分类。

第一类：有明确交易意向，并成功在交易会上下单的客商。

第二类：有明确交易意向，但因交易条件不能洽谈一致而未能下单的客商。

第三类：交易商品明确，却未能在交易会上详细洽谈的客商。

第四类：只要求提供详细资料的客商。这一类客商在全部客商中居多数。

第五类：走马观花的客商。这类客商也很多。

6 天的交易会结束，徐娟感觉收获颇丰。她在搜集名片的笔记本上对不同客商的类别，询问的产品、规格、数量、报价等信息都作了记录。

3. 广交会结束后进行客户跟踪

2010 年 4 月 20 日，徐娟抓紧时间对广交会积累的客户资源进行梳理及跟踪处理。

(1) 对于第一类客商，按照客商要求寄送其所需的详细资料。

同事提醒徐娟，要密切关注对方的反应。有些客商在广交会上虽然与我方签订了合同，却并不表示一定会与我方合作，这种情况并不少见。如有些客户跟我方签订合同后，又在其他供应商处获得更优惠的条件或更合适的商品，就会下单给其他供应商。或者回国后产品市场发生变化，也可能改变主意取消订单等。这种情况下合同虽然可以约束双方行为，但索赔或追究对方责任通常耗时耗力。所以，同事提醒徐娟，一旦发现客户迟迟不支付预付款就需要提高警惕，及时与其沟通，尽可能防患于未然。

(2) 对于第二类客商，仔细斟酌未能与对方取得共识的交易条件。

如果确定该交易条件可以接受，可以致函对方，但建议不要立刻表明态度，也许客商已经考虑接受我方的交易条件。试探性的询问是个很好的过渡处理办法。

（3）对于第三类客商，要及时联系，要变潜在客户为现实客户。

这类客商是广交会上到会客商的主流，大多数客商在广交会上会广泛比较同类产品与供应商，再有选择地询价或洽谈。对于这类客商要密切保持联系，即便该笔业务无法达成，他们也始终是你的潜在客户。

（4）对于第四类客商，可以有选择地寄送客商要求的资料。

（5）对于第五类客商，可以进一步了解客商信息，判断其是否有交易可能。

四、知识链接

（一）熟悉产品

扎实而丰富的产品知识是外贸业务员的基本功之一。新业务员在开始外贸业务之前，都要花费一定的时间熟悉产品。

1. 熟悉产品的途径

（1）专业书籍、专业网站。外贸业务员通过专业书籍补充产品知识，其优势主要是专业书籍通常对于专业知识有较为系统的介绍，但不足之处也很明显，主要表现在：一是容量有限，介绍内容覆盖面不广；二是受书籍印刷成本限制，大多数内容限于文字介绍，缺少直观的图片资料；三是书籍内容再整理编辑不易；四是书籍内容通常具有一定的滞后性。专业网站相对内容丰富、容量较大，但知识零散，不成体系，需要业务员自行整理。而且网络资源虽然方便，但对信息真伪及新旧的判断需要业务员有较高的辨别能力。

（2）样品间或工厂。外贸业务员可以通过经常深入样品间或工厂来增加自身的产品知识。这种方式可以给业务员提供形象、直观、感性的认识，有助于业务员将原有的书本知识转化为直观印象，对业务员业务能力的提高至关重要。外贸业务员需要将产品知识的感性认识与抽象认识结合，以提高自身的业务素质，增加专业知识储备，使两种方式各自发挥其优势。

（3）向老业务员请教。外贸业务员在成长过程中需要一代代业务员言传身教地“传、帮、带”，这对业务经验的传承起着重要的作用。在熟悉产品时，向老业务员请教也是重要的方法之一。

2. 熟悉产品的内容

（1）产品生产过程及工艺：了解产品生产基本流程，了解产品的关键生产环节及工艺。

（2）产品专业分类：了解产品的不同分类，明确产品品种，为业务洽谈产品的具体品种奠定基础。

（3）产品生产标准及品质标准：了解产品生产需要达到的生产标准及品质标准，包括出口产品需要达到的国内外标准。

（4）产品专业词汇：掌握产品的专业词汇，包括中英文专业词汇。

（二）了解市场

1. 了解市场的途径

外贸业务员可以借助多种途径了解国内外市场，可以通过网络了解信息，如各搜索引擎、各专业网站等；可以通过各政府部门了解信息，如商务部、海关、外汇管理局、中国驻外使领馆等部门；可以通过银行等机构了解信息；可以通过行业协会等组织了解信息；也可以通过业务直观感受等方式了解信息。外贸业务员了解市场信息的途径众多，对于不同信息的搜集能力要求各有不同，优秀的业务员要善于利用多种途径了解市场。

2. 了解市场的内容

（1）了解国际市场。外贸业务员了解国际市场，应该对国际市场，尤其是目标国市场的市场规模、经济环境、政策及法律环境，甚至文化环境进行了解与调研。在此基础上，还需要对目标国市场商品供给、需求情况进行了解，以做到"知己知彼"。

（2）了解国内市场。外贸业务员在了解国际市场的同时，还需要充分了解国内市场。对于国内市场的了解不仅包括国内同类产品的同类生产企业行情，如生产技术、生产能力、竞争情况等，还要包括同类产品的国家标准、国家政策等。

（三）开发客户

开发客户是外贸业务员业务的核心环节。客户可以划分为境外客户及境内客户两类。出口业务中，境外客户主要指进口商，包括代理进口商及最终进口用户两类；境内客户主要指生产企业。进口业务中，境外客户主要指出口商，境内客户主要指销售商。

开发客户的途径主要包括：

1. 建设公司网站

通过建立本公司网站吸引客户，以静制动，同时适用于寻找境内外客户。

2. 参加各类交易会或博览会

随着对外经济交往增加，各种交易会或展览会成为外贸企业获取商机的重要途径。

我国针对不同种类商品开展的各类展会众多，以广交会最具代表性，其规模较大，涉及交易商品种类繁多。广交会即中国进出口商品交易会，由商务部及广东省人民政府主办，中国对外贸易中心承办，覆盖参展商品、工业品、纺织服装、医药保健品、日常消费品、礼品等五大类商品，每年举办两届，即春交会（每年 4 月中下旬举行）、秋交会（每年 10 月中下旬举行），有"中国第一展"之称。

国外也有形形色色的商品交易会，各种商品交易会无外乎是为全球的采购商与供应商提供一个面对面的接触机会。在纺织面料方面，全球的交易会还有纽约面料、辅料接单展，美国国际家用纺织品采购会，日本国际家用及室内纺织品展览会，中东家居用品、礼品及家用纺织品博览会等。

3. 企业名录

企业名录提供众多企业的基本信息，为外贸业务员寻找客户提供了方便。主要企业名录如世界黄页（www.worldyellowpages.com）提供来自 92 个国家的公司名录链接；北美制造企业名录（www.thomasregister.com）提供北美覆盖 7 万多个产品的超过 17 万家工业产品制造商的企业名录资料；世界贸易指南（www.gtdirectory.com）提供了全球 95 万多家企业的名录，是全球最大的产品和服务名录之一，可免费检索全球企业和商业机会，也可检索产品的 HS 海关编码，同时也提供世贸指南、进入中国市场指南以及中小企业指南等服务。欧洲制造企业名录（www.tremnet.com）提供欧洲 17 个国家超过 18 万家工业产品制造商的企业名录资料，包括基本联系信息和产品信息；美国制造企业名录（www. thomasregional. com）可查询美国各行业 50 多万家优秀企业，链接了其他与贸易有关的政府、企业网站。

4. 网络资源

外贸业务员应该充分利用网络资源开发客户，各国各地区均有大量的网络平台为世界范围的贸易行为提供便利（见表 1—1）。

表 1—1　　世界主要网络资源平台

中文名称	网址
阿里巴巴	www. alibaba. com
全球资源网	www. globalsoureces. com
欧洲黄页	www. europages. com
美国进出口网	www. usaexportimport. com
美国出口登记	www. aernet. com
阿根廷贸易线索在线	www. tradeline. com. ar
比利时及卢森堡出口网	www. belgiumexports. com
意大利买主	www. anibo. com
巴西商务网	www. brazilbiz. com. br
加拿大出口网	www. exportingcanadaonline. com
法国出口网	francexport. fr
德国商业链接网	www. businesslink. ch
前往希腊	www. gogreece. com
印度市场	www. indiamart. com
印度尼西亚黄页	www. yellowpages. co. id
意大利工业贸易世界	www. italyindustry. com
日本出口与贸易顾问	www. jetc. com
韩国商业广场	www. bizkorea. com
马来西亚产品	www. malaysiaproducts. com
墨西哥信息中心	www. mexico－trade. com
葡萄牙商务网	www. portugaloffer. com
西班牙产业网	www. spaindustry. com
瑞士信息网	www. swissinfo. com
泰国贸易网	www. thaitrading. com
土耳其出口网	www. turkex. com

五、实训项目

厦门周天有限公司（Xiamen Zhoutian Corporation，No. 1198，Dongfanglu Rd，Xiamen，361000，China）成立于 2001 年，是具有进出口经营资格的贸易公司，主要从事轻工业品、日用品、五金产品等产品进出口业务。公司坐落在厦门市。2010 年 1 月，因业务需要，公司招聘了一名新业务员王敏。作为新业务员，王敏必须为独立开展进出口业务做好充分的准备工作。请根据上述信息，并查阅相关资料，完成如下任务：

➢任务 1：熟悉五金产品知识。

➢任务 2：了解五金产品出口市场。

➢任务 3：公司决定派王敏参加 2010 年德国科隆展会，做好参展工作。

工作任务二

建立客户关系

一、学习目标

➢能力目标：能够独立撰写产品中英文介绍、公司中英文介绍和建立业务关系函，正确制作报价单。

➢知识目标：掌握书写产品介绍、公司介绍函件、建立业务关系函电的方法，能够熟练运用如上商务文本的各种格式和内容。

二、工作项目

福建环宇进出口有限公司业务部周经理告诉新来的业务员徐娟，公司的英文简介已经有很多年没有更新，希望徐娟能够为公司撰写一份新版的英文简介。周经理还交代，由于L142女士全棉夹克是今年的新款产品，希望徐娟能利用从广交会得到的客户联系方式，主动与客户建立业务关系，并主推这个产品。

通过前一段时间的出口准备工作，徐娟现在已经可以称得上纺织服装产品的半个专家。从广交会回来后，徐娟还得到了很多客户的联系方式。信心满满的她现在时刻准备开展她的第一笔出口业务。

根据周经理的指示，徐娟把现在的主要工作进行了分解：

➢任务1：撰写公司英文介绍。

➢任务2：撰写L142女士全棉夹克产品英文介绍。

➢任务3：向意向客户发出建立业务关系函。

三、操作示范

第一步：撰写公司的英文介绍。

公司中文简介如下：

福建环宇进出口有限公司（FUJIAN HUANYU IMPORT AND EXPORT CO., LTD.）成立于1990年，是经外经贸部批准成立的具有进出口经营权的贸易公司，主要从事纺织服装、轻工业品、日用品、五金产品等产品进出口业务。经过二十几年的发展，公司已经从一个小外贸加工工厂发展成为一家大型综合外贸公司。公司坐落在福建省福州市，下设业务部、单证储运部、财务部、人事部等部门。

近年来，公司立足当地资源优势，致力于外拓市场、内抓管理，坚持多元化经营，不断扩大规模，提高产品质量档次，具有收购、加工、出口一体化经营优势，产品在国际市场上享有盛誉。

公司始终遵循“质量第一、信誉第一、优质服务”宗旨，热情欢迎国内外客商光临福州洽谈业务。

撰写公司英文简介之前，徐娟参考了本公司旧版和许多同类公司的英文简介后才动笔开始撰写。经过多次的修改和完善，徐娟定稿的公司英文简介如下：

FUJIAN HUANYU IMPORT AND EXPORT CO.,LTD.

FUJIAN HUANYU IMPORT AND EXPORT CO.,LTD. was founded in 1990, which is approved by the former National Foreign Economic and Trade Department. The company has the right to operate import and export mainly of textile, light industrial products, daily necessities, metals and other products. After 20-year development, the company has become a large foreign trade company dealing with comprehensive products.

The company is located in Fuzhou City, Fujian Province, and has the business department, documentation and logistics department, financial department, HR department and so on.

In recent years, the company is committed to extending the foreign market, improving inner-company management, adhering to the diversification of business, expanding the scale, and updating product quality while taking local resource advantages. As a result, the products of our company sell remarkably fast in many big cities all over the world. The company enjoys high prestige in the world market.

The company always follows " Top quality, Good reputation, Excellent service" purposes, the company warmly welcome domestic and foreign merchants to visit us in Fuzhou.

第二步：撰写 L142 女士全棉夹克产品英文介绍。

L142 女士全棉夹克是当年新款拳头产品，徐娟撰写该款产品英文介绍，内容如下：

Women's Jacket, 100% Cotton. Model Number: L142

Special Features:

- Casual style with ruffle design
- Tight-waist design for slim appearance
- 100% cotton
- Front placket and cuffs have button closure
- Any size and color available

Payment Details:

- Minimum Order:4,000 Pieces

Delivery Details:

- FOB Port:Fuzhou
- Lead Time: 14 – 16 days

Primary Competitive Advantages:

- Country of Origin
- Experienced Staff
- Green Product
- Solid Packaging
- Best Price
- Prompt Delivery
- Quality Approvals
- After-sale Service

第三步：向意向客户发出建立业务关系函。

在广交会上，徐娟接待了来自德国的客户Alan，觉得他是一个很有交易意向的潜在客户。而且，在广交会时，Alan对公司的女士服装表现出特别的兴趣。回到福州之后，徐娟马上向这位来自Willi GmbH & Co. KG的Alan发出了建立业务关系函，并且把刚刚写好的L142女士全棉夹克的英文介绍和资料作为附件一并发出，向Alan推荐这款新产品。

建立业务关系函内容如下：

福建环宇进出口有限公司
FUJIAN HUANYU IMPORT AND EXPORT CO.,LTD.
福建省福州市福飞路203号
203#, Fufeilu street, Fuzhou, Fujian 350001 China
Tel: 0086-0591-8832×××× Fax: 0086-0591-8832××××

Willi Gmbh& Co. KG
Rote brucke 16-20，22114 Hamburg，Germany
Tel：0049-40-714××××
Fax：0049-40-714××××
E-mail：Alan @ willi. com. de

Dear Mr Alan Lee,

A few days ago，we met you at the China Import and Export Fair（Canton Fair）. You seemed quite interested in our women's garments. And you took the catalogue of the products.

In order to expend our products into European market，we are writing to you to establish long-term relations with you.

Our company，FUJIAN HUANYU IMPORT AND EXPORT CO.，LTD. was founded in 1990，which is approved by the former National Foreign Economic and Trade Department. The company has the right to operate import and export mainly of textile，light industrial products，daily necessities，metals and other products.

In recent years，the company is committed to extending the foreign market，improving inner-company management，adhering to the diversification of business，expanding the scale，and updating product quality while taking local resource advantages. As a result，the products of our company sell remarkably fast in many big cities all over the world. The company enjoys high prestige in the world market.

This letter is to call your attention to one of our brand-new product，Women's Jacket，100% Cotton. Model Number：L142. It's good at material，fashionable in design and superb in workmanship. If you are interested，we will submit our best price to you upon receipt of your concrete inquiry.

We are looking forward to your favorable reply.

Yours truly,

Fujian Huanyu Import and Export CO.，LTD.

Xu Juan（Ms.）

Business Assistant Manager

四、知识链接

（一）产品介绍

产品是指能够提供给市场，被人们使用和消费，并能满足人们某种需求的任何东西，包括有形的物品，无形的服务、组织、观念或它们的组合。产品一般可以分为三个层次，即核心产品、形式产品、延伸产品。核心产品是指整体产品提供给购买者的直接利益和效用；形式产品是指产品在市场上出现的物质实体外形，包括产品的品质、特征、造型、商标和包装等；延伸产品是指整体产品提供给顾客的一系列附加利益，包括运送、安装、维修、保证等在消费领域给予消费者的服务。

1. 产品介绍的内容

产品介绍一般包括每一种产品的名称、规格、编号、报价、产品标准等内容，力求细致完备。另外最好附有产品照片。例如：

Name **:**Organic Cotton Baby Clothes, Suitable for 1 to 24 Months Old Girls, Can Wear in Spring and Summer

Model Number:C034

Country of Origin:China (mainland)

Brand Name:******

Special Features:

- ***Material:*** 100% organic cotton
- ***Color:*** pink with lace
- ***Size:*** XS to L

Payment Details:

- ***Payment Terms:*** T/T, L/C
- ***Minimum Order:***1,000 to 1,999 Pieces

Delivery Details **:**FOB Port: Shanghai

Primary Competitive Advantages:

- Country of Origin
- Distributorships Offered
- Electronic Link
- Experienced Staff
- Packaging
- Price
- Product Features
- Product Performance
- Prompt Delivery
- Quality Approvals
- Reputation
- Service
- Small Orders Accepted

2. 产品介绍的方法

FAB产品介绍法是目前较常用且简单实用的产品介绍方法。FAB是三个英文单词开头字母的组合，F是指特性（Feature），即产品的固有属性；A是指优点（Advantage），即由产品特性所带来的产品优势；B是指好处（Benefit），即顾客通过使用产品时所得到的好处，这些好处源自产品的特性和优点。

（1）特性（Feature）。产品的特性其实就是产品事实状况，将产品的原材料、产地、设计、颜色、规格等用眼睛能观察到的外部信息在产品介绍里作清晰的解释和说明。

以某品牌奶粉为例，如果在产品介绍里面写明："我们的牛奶全是产自新西兰。"这一句话告知客户和消费者一个信息，就是这种奶粉的产地是新西兰；"添加了脂肪酸DHA"，这句话说明了产品的原材料；"有红色和绿色两种包装"，则描述了产品规格。

这些句子都描述了产品本身所拥有的事实状况或特征，但是仅仅停留在对产品性质的介绍上，给顾客的只是一些枯燥的数据信息，很难激起顾客的购买欲望。

所以，在产品介绍中，除了要描述产品的基本特性，还要进入更深层次的介绍，进行优点阐述。

（2）优点（Advantage）。仍以上述品牌奶粉为例，其中的每一个特点都可以引申出产品的优点。比如在描述奶粉产自新西兰后，还可以在产品介绍中进一步说明，新西兰是目前世界上环境最为优越的天然牧场，牛奶全来自健康、高免疫的乳牛，奶粉绝对没有污染，卫生、安全。在环境日渐恶劣、人们非常注重食品卫生的今天，卫生、安全可以说是两个最大的优势。当产品拥有明显的优点后，就具备了强大的说服力。

这个品牌的奶粉还有一个特性：添加了脂肪酸 DHA。在产品介绍中，可以继续把这种特性再扩展为一个优点，因为 DHA 是人体必需的脂肪酸，又称为“儿童聪明物质”，对脑细胞的生长发育有重要作用。所以这种奶粉的另一个优点就是能开发儿童智力。

（3）好处（Benefit）。产品规格多样化也能带来好处，比如，奶粉有红和绿两种颜色的包装，这两种颜色表示适合不同年龄层次的人使用。由于有显著不同的规格，所以使产品易于辨别，方便顾客选择。

不仅奶粉，几乎所有的产品都适用 FAB 法来进行产品介绍。以下是 FAB 法运用的三个实例。

【例 1】 假设你是一位文具柜台的营业员，你可以运用 FAB 法这样向顾客介绍。

产品：钢笔。

特性：与一般钢笔结构不同，存墨器与笔杆分离。

优点：易于吸入墨水。

好处：保持手和笔干净。

【例 2】 假设你是一位化妆品柜台的营业员，你可以运用 FAB 法这样向顾客介绍：

产品：抗皱保湿乳霜。

特性：含有维生素 E 衍生物。

优点：有抗氧化功效。

好处：能防止肌肤衰老，让你青春常驻。

【例 3】 假设你是一位计算机柜台的营业员，你可以运用 FAB 法这样向顾客介绍：

产品：计算机。

特性：计算机配置的是奔腾 4 处理器、80 G 的硬盘。

优点：速度快，储存信息容量大。

好处：当你工作累了可以玩游戏，而且在很长一段时间内都不用升级。

通过 FAB 介绍法，把产品的特性、优点、好处层层分析，产品的“个性”就显露无遗，不但使客户和消费者深刻了解产品，也能激发其对产品的强烈兴趣。

（二）公司介绍

公司介绍是将有关公司法人的成立、性质、经营范围、组织机构、管理经营特色向社会予以介绍，以扩大公司影响所使用的一种商务文书。

1. 公司介绍的写作方法

公司介绍是商务专业文书，不同公司应有不同的写作格式，但有关公司基本情况，如对有关事实、数据、业绩、特色等的介绍均要求明晰、准确、不夸夸其谈，且对公司发展前景要充满希望与自信。

2. 企业宣传册

企业宣传册是常见的企业介绍方法。规划企业宣传册时要注意如下几点：

（1）必须明确设计企业宣传册的目的。这是做好企业宣传册的前提，不管设计如何精美，如果在规划前不清楚设计的目的，那也无济于事，比如，需要设计一本宣传企业文化品牌的宣传册，结果宣传册中大谈产品特点和品质，那显然不合适。只有清楚宣传册的设计目的，才可明确所需规划的内容。

（2）明确企业介绍及宣传的对象。这一点非常关键，最好把阅读群体更加细化一些。宣传册不同于书店销售的书籍，出版社在出版书籍时也有对目标读者的定位，但相对模糊宽泛一些。而设计企业宣传册时必须有非常明确的目标阅读群体，因为每个群体的阅读习惯、阅读目的不一样，只有全方位迎合目标群体的需求，才能起到很好的宣传效果。比如，做一本面向企业高层领导的宣传册，文案内容一定要简洁、直观，文字不宜过多，设计必须高档精美，通过简单几行字将核心问题说清楚，因为领导往往没有太多时间细看。

（3）一般企业宣传册的内容结构。

第一部分：我们是谁？即公司介绍。通常包括公司简介、企业理念、组织结构、企业文化等。

第二部分：我们能做什么？即业务范围介绍。通常可包括业务范围、业务流程、服务优势等。有实力的公司通常会单独介绍优势服务。

第三部分：我们做过什么？即公司业绩或称案例介绍。为增加宣传效果，列举案例通常最有说服力，如果是新公司，没有大量成功案例时，最好干脆不提，应重点突出其他方面的实力。

第四部分：合作伙伴。将自己的客户或者合作伙伴展示出来往往可以提升企业的实力。新成立的企业或者实力不强的公司，建议将远景规划作为宣传册设计的结尾，这样更有说服力。

最好的办法是拿同行业的公司或者竞争对手的宣传册作参考，这样知己知彼，考虑更加全面，但应避实就虚，毕竟彰显自己的实力和特色最重要。

（三）建立业务关系函

一笔具体的交易往往始于出口商主动向潜在客户发函建立业务关系。总的来说，建立业务关系函是为了企业的生产与销售，通过多种途径了解客户后，经论证值得与之建立贸易关系而与之联系所用的信函文书。

从标准规范的角度而言，建立业务关系的信函一般应包括如下内容：

1. 说明信息来源，即如何获知对方资料（source of information）

贸易商可以通过各种途径来了解客户资料，如通过驻外使馆商务参赞处、商会、商务办事处、银行、第三家公司的介绍；或在企业名录、各种传媒广告、互联网上寻得；或在交易会、展览会上结识客户；甚至在进行市场调查时获悉。不管通过什么方式得知对方的联系方式，都应该在建立业务关系函中首先说明。

例如：

• We learned from the Commercial Counselor's Office of our Embassy in your country that you are interested in Chinese handicraft.

我方从我国驻贵国大使馆商务参赞处得知，贵公司对中国手帕很感兴趣。

• We have obtained your name and address from the Internet.

我公司自网上得知贵公司的名称和地址。

2. **说明去函的目的**（purpose of writing）

建立业务关系函最基本的目的是与对方建立长期的业务关系，以促成交易。因此，在建立业务关系函中要有表达与对方建立业务关系、拓展交易空间的热切期望。当然，除了这个最基本的目的外，还可以在去函中介绍其他更具体和现实的交易意向，如开拓新市场、推荐新产品等。

例如：

• In order to expand our products into South America, we are writing to you to seek cooperate possibilities.

为了打开我公司产品的南美市场，特致函贵公司寻找合作的契机。

• We are writing to you to establish long-term trade relations with you.

此信兹为与贵方建立长期贸易关系。

• We wish to express our desire to enter into business relationship with you.

我方急于与贵方建立业务关系。

3. **本公司概述**（company introduction）

当决定向潜在客户发送建立业务关系函时，由于该客户对公司的了解首先来源于本函电，因此在建立业务关系函中，通常要对企业的基本情况进行介绍。所以，信中一定要有企业名称、详细地址、联系方式和基本简介等内容，以便对方未来联系之用。

例如：

• We are engaged in the exportation of chemicals.

我们经营化工产品的出口业务。

• We are a state-owned company dealing specially with the export of tablecloth.

我公司是一家国有的专营桌台布出口的企业。

• We take the liberty to introduce ourselves as exporters of silk piece goods, which we have been exporting to Europe and Japan.

兹向你方介绍，我公司是一家丝织品出口商，商品远销欧洲和日本。

4. **本公司产品介绍**（product introduction）

在建立业务关系函中也可以适当地介绍企业的主要产品，特别是现阶段正在大力推广的产品或者拳头产品，以便潜在客户能够从中找出自己所需要的产品，促成交易的实现。但是，需要注意的是，由于这只是一封建立业务关系的函电，对于产品的介绍不用十分详细，通常只要包含产品的货号和品名就可以。有时，为了让对方能更加全面地了解本企业的产品，在信后一般随附一份产品目录，给客户更大的选择空间，也为自己贸易的拓展提供更多的机会。

例如：

• You will be interested to know that for over 30 years we have been engaged in manufacturing electronic machinery of all specifications and exporting them to users all over the world，enjoying a good reputation.

三十几年来，我公司致力于生产各类机电设备，并远销世界各地，享有良好的声誉。

• To give you a general idea of the various kinds of cotton piece goods now available for export，we enclose a brochure and a sample-cutting booklet.

为让您对我公司出口的各类棉制品有一个更直观的认识，随信附上宣传小册子和样品册各一。

• We are sending a catalogue and a pricelist under separate cover for your reference.

我们给您发出了产品目录和价格表以供参考。

5. 鼓励建交的激励性结尾（a pushing end）

最后，为了能促进交易的发展，通常要在信的末尾写上一些表示期待与对方达成具体交易的热切愿望的话语，或希望能尽快收到对方的询盘。

例如：

• We are willing to enter into business with your firm on the basis of equality，mutual benefit and exchanging what one has for what one needs.

我公司非常希望同贵公司在平等、互利、各取所需的基础上建立业务联系。

• We highly hope to establish business relations with your esteemed company on the basis of mutual benefit in an earlier date.

我们非常希望能在双赢的基础上尽早同贵公司建立业务关系。

• We will submit our best price to you upon receipt of your concrete inquiry.

如果能够收到您具体的询盘，我们将为您提供最优惠的价格。

（四）报价单

正如前文所提及，撰写建立业务关系函时，为了让对方能更全面地了解本企业的产品，给客户更大的选择空间，也给自己贸易的拓展提供更多的机会，在信后一般会随附一份报价单。

报价单即供应商提供给客户的报价，作用类似价格清单。

1. 报价单的内容

外贸出口产品报价单的内容包括抬头、产品基本资料、产品的技术参数（若有）、价格条款、数量条款、支付条款、质量条款、原产地条款等。具体内容如下：

• 产品型号（Item/Model No.）；

• 与报价产品一致的图片（Picture）；

• 尺寸、规格等（Dimension /Size/ Specification/Feature）；

• 最低起订量（Minimum Order Quantity / M. O. Q.）；

• 单价（Unit Price，须注明货币单位）；

• 包装细节（Packing Details）及装柜量（Pcs/Container）；

• 交期（Lead Time）；

• 付款方式（Payment Term）；

• 报价有效期（Validity of Quotation）及其他须注明的事项和条款。

2. 撰写报价单的技巧

（1）因地制宜，考察诚信。对外报价要根据对方的商业习惯和特点因地制宜，区别对待。如印度或巴基斯坦的客户喜欢采用30天或30天的远期信用证付款。

（2）先报FOB价，再报CIF价。如果产品具有价格优势，先报FOB价格，有利于与同行进行价格或性价比较；如果产品价格本身不具备优势，而企业在货运和保险领域拥有费用优势的话，可以报CIF价格，以与同行比货运、保险费用水平。

（3）综合考虑，权衡定价。报价时，还要综合考虑如下多种因素，以提出一个最容易被接受的价格，减少双方的谈判环节，提高谈判和议价的效率。

• 进口商的支付能力、资信程度；

• 谈判个人的性格特点；

• 本公司产品在行业中的品牌地位；

• 产品销售的淡、旺季；

• 订单大小、交易规模；

• 经营模式、经营能力；

• 成本和盈亏核算。

（4）专业报价，赢得信赖。如果产品专业性质很强，那么在对外报价时要注意标示清楚产品的各项技术参数和技术资料，以赢得客户的信赖。尤其是产品的专业技术参数和工艺、专业图样和相关说明都要详细附上，只有这样，才能作出适合市场行情的报价。

（5）充分了解市场信息。对外报价之前，要注意先考察进口国市场具体信息，做好产品的市场调研，注意搜集各地区市场分布信息，行业产品的供求状况，本产品的市场地位，所在国政策、关税、外汇管制及国际惯例等信息。

（6）立足买家，换位思考。撰写报价单时，最重要的是站在客户的立场，从客户的角度出发，作出最合情合理的报价。在这种情况下，要求报价人做到如下几点：

• 考虑客户的实际利益；

• 考虑客户的习惯做法；

• 考虑客户的政治文化背景；

• 详细了解买家的现有需求和表面需求；

• 挖掘买家对物流方案、设计能力、配套服务能力等方面的潜在需求；

• 了解买家的兴趣所在，如热销产品、新颖产品、低价产品、性价比高的产品、投资回报率高的产品，希望长期开展贸易合作，等等。

（7）定期催促，及时提醒。很多外贸新人对外寄送报价单后，经常被动地等待客户的回复或者询盘，结果报价单常常都是石沉大海。有经验的外贸业务员应该在寄送对外报价单后注意定期询问或者提醒对方客户，了解对方没有及时回复或者不回复报价的具体原因，以便有针对性地开展下一步的工作。例如，客户对报价单没有回复的原因可能有如下几条：

• 对样品或者报价不满意，或对方购买了更好的替代品；

- 样品还在寄送途中，或正在检测过程中；
- 对方已将产品价格资料归档，只是没有及时回复而已；
- 对方运作模式严谨，或拖沓冗长；
- 对方是新公司，或产品为新项目。

3. 撰写报价单的注意事项

（1）报价单的邮件标题只能是客户求购的产品名称，而不要加其他任何多余语言，这样，客户打开邮件的可能性一般可达到100％。

（2）开头语简洁明了可立即拉近与客户的距离，不需要多余的寒暄；开头语忌讳主动过多介绍自己，因为会给人一种推销的感觉，事实上，不主动过多介绍自己反而会给客户自信、专业的印象。

（3）简洁的开头之后，必须立即进入正文，即报价，因为客户最关心的无非是产品规格与价格而已。

（4）所报的价必须是实价，必须与现有市场行情相吻合，切勿乱报价，应了解清楚、多比较后再报，对新产品、对外贸公司来说，这点尤其重要。

（5）第一次联系客户时，除非客户在询盘中提出，最好不要主动附上图片，以免被删或被国外反垃圾邮件软件拦截。

4. 报价单范例

广州市　　科贸有限公司
GUANGZHOU　　TECHICAL&TRADING CO.LTD
5/F,NO.　9,TIANHEBEI ROAD,GUANGZHOU,CHINA
TEL:　　FAX:　　EMAIL

OUR REF.	CZ03-68		DATE:	
TO:	UNIED TRADING LTD.		VALID:	7DAYS
ATTN:	MR.BROWN			
TEL:		FAX:	EMAIL:	BROWN@　　COM
附言				

ITEM NO.:	SHOE089　SPORTS SHOES	
DESCRIPTION:	SPORTS SHOES	
COLOR:	RED	
PACKAGEING:	CTNS	
PACKING DETAILS:	40 PAIRS/CTN	85X65X65 CBM
	VOLUME:	0.336CBM
	G.W.:45 KGS	N.W.:43 KGS
CONTAINER QTY:	3.075	
MINIUM ORDER:	2000PAIRS	
DELIVERY:	WITHIN 30 DAYS	
PAYMENT:	T/T	
PRICE:	USD1.3　FOB　HUANGPU	
REMARKS:		

五、实训项目

厦门周天有限公司新近组织到一批台式打火机，款式新颖大方，制作精巧，选材独特，既可用于点缀桌面，又可作为馈赠佳品，而且该产品已在日本打开销路。经中国银行对外部主任介绍得知日本 Wit Co.，Ltd. 公司欲购买此类商品（该公司是日本一家颇具实力的经销商，在当地有广泛的上销渠道）。经理要求王敏拟函，与 Wit 公司联系，推荐上述产品，随寄公司产品报价单，并另寄样品。打火机的样品图如图 2—1 所示。

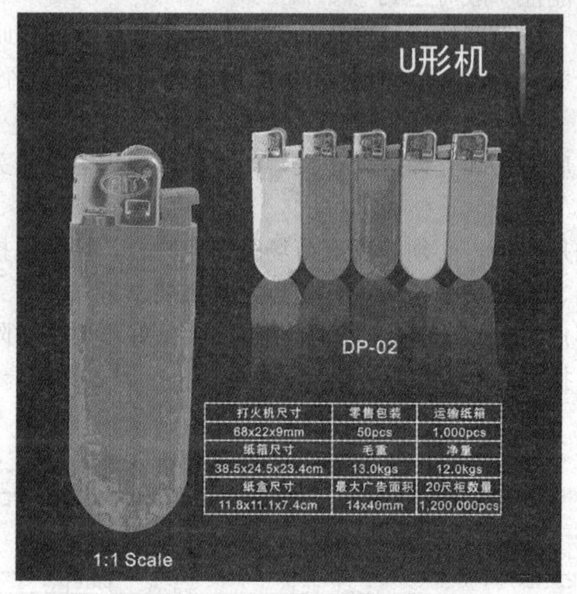

图 2—1　打火机的样品图

工作任务三

交易磋商

一、学习目标

➢能力目标：能够独立撰写贸易信函。

➢知识目标：掌握交易磋商各环节的内容及信函书写格式、内容，了解交易磋商的形式。

二、工作项目

在第 107 届广交会上，福建环宇进出口有限公司外贸业务员徐娟结识了来自德国经营纺织品服装的 Willi Gmbh & Co. KG（福建环宇进出口有限公司的新客户）的经理 Alan Lee，Alan 对型号为 L142 全棉女士夹克非常感兴趣，留下了名片。2010 年 4 月 21 日，徐娟收到 Alan 的电子邮件，欲购买这款女士夹克，内容如下：

> 发件人：Alan @ willi. com. de
> 收件人：xujuan @ fjhy. com. cn
> 日　期：2010-4-21　　10：15：12
> 主　题：Enquiry on Ladies Jacket
> 附　件：
>
> Dear Miss Xu，
>
> It was regretful that we didn't have the chance to talk with you in detail during the 107rd Chinese Import and Export Commodities Fair. We are one of German professional import of textile and textile articles. Now we are interested in your Ladies Jacket，Style No. L142. It would be appreciated if you could quote us your best price in USD/pc on CIF Hamburg. The proceeds will be paid by L/C at sight and the date of shipment is not later than July 31，2010.
>
> Besides，please mail one sample of the above item by DHL a. s. a. p. The courier charge will be paid by us via DHL No. 966 533 702. If the sample tests well and the price is reasonable，we will place the order of 4 000 pieces for Style No. L142 respectively.
>
> Best wishes，
>
> Yours truly，
> Alan Lee
> Manager
> Willi Gmbh & Co. KG
> Rote brucke 16-20，22114 Hamburg，Germany
> Tel：0049-40-714××××
> Fax：0049-40-714××××
> E-mail：Alan @ willi. com. de

徐娟须完成如下任务：

➢任务 1：翻译并分析国外客户电子邮件内容。

➢任务 2：调查与货物相关的贸易政策。

➢任务 3：寄样。

➢任务 4：书写发盘函。

三、操作示范

第一步：翻译并分析国外客户电子邮件内容。

1. 徐娟把国外客户电子邮件的正文内容翻译出来，具体如下：

亲爱的徐小姐：

在第 107 届中国进出口交易会时不能与您详谈，非常遗憾。我公司是专门从事纺织服装进出口的德国公司。现对贵公司款号 L142 的女士夹克很感兴趣，如果贵公司能以 CIF 汉堡条件用美元报最优惠价，我公司将不胜感激。货款用即期信用证支付，交货期不得迟于 2010 年 7 月 31 日。

另外，请尽快通过 DHL 快递公司寄一件样品，快递费用由我公司通过 DHL 协议号 966 533 702 支付。假如样品通过测试并且价格合理，我公司将订购 4 000 件。

送上最诚挚的祝福！

你最真诚的，

艾伦·李

经理

2. 徐娟分析 Alan 的电子邮件后，对该公司得出一个初步印象。

（1）需求较真实明确，不像试探性询价。因为询价内容非常详细，包括品名、款式、价格术语、报价货币、支付方式、交货期限和订单量等；而且该公司告知的信息较全，不仅告知其主营业务，还包括其地址、电话、传真和电子邮箱等联系信息。

（2）寄样操作中规中矩，不是为了骗取样品。因为寄样要求非常合理，寄样费到付且告知该公司 DHL 协议号。

为此，徐娟应尽快开展与货物相关贸易政策调查、打样、寄样和报价等工作。

第二步：调查与货物相关的贸易政策。

1. 徐娟通过 2010 年海关报关实用手册查询到该全棉女士夹克的 HS 编码为 6204320090。

2. 根据该全棉女士夹克的 HS 编码 6204320090，查到其海关监管证件代码为 B，即出境货物通关单，因此，该全棉女士夹克属于法定检验产品，出口前必须向出入境检验检疫机构办理报检手续。

3. 进入国家税务总局网站 www.chinatax.gov.cn，根据商品代码 6204320090，查得该商品的出口退税率为 11%。

第三步：寄样操作

1. 打样

2010 年 4 月 21 日，徐娟根据 Alan Lee 的电子邮件，给福建泉州丰泽服装厂撰写并传真如下打样和询价函：

<table>
<tr><td>

福建环宇进出口有限公司

福建省福州市福飞路 203 号

电话：0591-8832××××　传真：0591-8832××××

To：福建泉州丰泽服装厂

Attn：陈利

Fm：徐娟

尊敬的陈厂长：

您好！

我公司接到国外客户关于贵厂款号为 L142 全棉女士夹克询价函。希望贵厂能在 2 天内提供 2 件样品并报含税价，同时要注明面料里料情况、包装方式、包装尺寸、毛净重、月生产能力、最低起订量、付款方式和交货地点等详细信息。

祝安！

徐娟

2010 年 4 月 21 日

</td></tr>
</table>

2. 寄样、留样

2010 年 4 月 23 日，徐娟收到福建泉州丰泽服装厂寄来的款号 L142 全棉女士夹克 2 件。考虑到 2 件样品货值不高，福建泉州丰泽服装厂同意免费提供样品。徐娟通过 DHL 快递公司把其中 1 件样品寄给德国的 Willi Gmbh & Co. KG，邮寄费到付，另 1 件样品自己留存，并在留样上标注款式号、寄送日期、客户名称、快递单号等信息，以便日后与客户联系时用。

第四步：书写发盘函。

2010 年 4 月 23 日，徐娟收到福建泉州丰泽服装厂回函如下：

<table>
<tr><td>

福建泉州丰泽服装厂

福建省泉州市丰泽区新权路 125 号

电话：0595-2235××××　传真：0595-2235××××

To：福建环宇进出口有限公司

Attn：徐娟

Fm：陈利

尊敬的徐小姐：

您好！

收到您的传真后，我公司马上开始打样，样品已于今天上午寄出。全棉女士夹克 L142 的报价及相关信息如下：

</td></tr>
</table>

面料：100%全棉
里料：100%涤纶
含税价：80元/件
增值税率：17%
包装方式：出口纸箱包装，20件/纸箱
包装尺寸：60厘米×46厘米×44厘米
毛重：15千克/箱
净重：14千克/箱
月生产能力：5 000件/月
最低起订量：2 000件
付款方式：交货时付款
交货地点：工厂交货
祝工作顺利！

陈利

2010年4月23日

2010年4月24日，徐娟根据Alan Lee 2010年4月20日的电子邮件内容和出口报价核算的结果（详细核算过程见工作任务四）USD13.67/pc CIF Hamburg，给他书写发盘函。

1. 邮件头

邮件头一般包含发件人电邮地址（From）、收件人电邮地址（To）、发信时间（Time）、主题（Subject）、附件（Attachment）等栏目。在实务中，一般只填写收件人电邮地址和主题，若有图片或技术资料等材料，可以通过附件发送。

2. 尊称

如果知道收信人姓名，男性可用Mr. 称呼，已婚女性用Ms. 称呼，未婚女性用Miss称呼；如果不知道收信人姓名，尊称可用Dear Sirs、Dear Sir or Madam等。

3. 正文

正文是电子邮件的主体，常用每段顶格书写、段落之间空一行的格式。

（1）"感谢贵公司2010年4月20日的询盘，我公司的报价如下"，使对方清楚本电子邮件是对其哪个询价的报价。

（2）书写商品名称、规格、包装、最低起订量、单价、付款、运输等主要交易条件。根据国外客户交货期的要求，结合供应商的月生产能力以及业务操作环节，把交货期定为收到信用证后的2个月内交货。

（3）规定发盘在2010年4月30日之前复到有效。

（4）告诉对方2010年4月23日一件样品已通过DHL邮寄，请查收，收到时通知我公司。若样品需要修改，我公司会全力配合做好样品修改工作，直到贵公司满意为止。

（5）表达合作的诚意。

4. 结尾套语

结尾套语紧贴正文后书写，并加逗号。

5. 签署

外贸电子邮件的签署一般包括写信人姓名、头衔，写信人的公司名称、地址、联系电话、传真和电子邮件。

发件人：xujuan @ fjhy. com. cn
收件人：Alan @ willi. com. de
日　期：2010-4-24　　09：25：24
主　题：Offer on Ladies Jacket
附　件：Style no. L142. jpg

Dear Mr Alan，

Thanks for your inquiry on Apr. 20，2010. Our offer is as follows：

①Ladies Jacket：Style No. L142
　Shell：100% cotton
　Lining：100% Polyester
②Packing：20pcs/ctn Size：60cm×46cm×44cm
③Minimum Order Quantity：4 000pcs
④Unit price：USD13. 67/pc CIF Hamburg
⑤Payment：By L/C at sight
⑥Shipment：To be effected within 60 days after receipt of the relevant L/C.
⑦Insurance：To be effected by seller for 110% of invoice value covering ALL Risks as per CIC of PICC date 01/01/1981.

This offer is valid subject to your replay here before Apr. 30，2010.

Besides，we have mailed a sample of Ladies Jacket Style No. L142 by DHL on Apr. 23，2010. Please check it and tell us if you have received the sample. If there are any amendments for the sample，we will remake the sample to meet your demand.

We wish we could become your good trade partner.

Yours truly，

Xu Juan

Fujian Huanyu Import and Export CO.，Ltd.
203 Fufeilu street，Fuzhou，China
Tel：0086-0591-8832××××
Fax：0086-0591-8832××××
E-mail：xujuan @ fjhy. com. cn

四、知识链接

（一）询盘

询盘是指交易的一方欲出售或购买某种商品，向对方询问买卖该项商品的交易条件的一种口头或书面表示，在国际贸易实务中被称为询价，在国际商业法律中又被称为“磋商的邀请”。根据发出者的身份不同，询盘可分为买方询盘和卖方询盘。买方询盘是指买方要求卖方提供出口商品的价格，又称为邀请发盘。卖方询盘是指卖方向买方发出的征询其购买意见的函电。

询盘内容涉及具体产品、数量、颜色、规格、交货时间、包装等，一般不含价格。收到询盘，一方面要注意对方的联系方式是否详细：是否留有公司名称、电话、传真、邮箱、地址、网址、联系人、职务等；另一方面要及时回复：所有询盘应当天回复，不能及时回复的，也要回复买家已收到询盘、正在核算价格等交易条件，并告知买家将在什么时间再回复。

（二）发盘

发盘也称发价，法律上称为要约，是一方当事人（发盘人）向另一方当事人（受盘人）提出各项交易条件并且愿意以此条件与受盘人成交、订立合同的意思表示。实际业务中，发盘可以由交易一方在收到另一方的询盘后提出，也可在没有对方询盘情况下主动提出。发盘可以由买方提出，即递盘或递价，也可以由卖方提出，即发盘或报价。

1. 发盘条件

按照法律规定，一项有效的发盘必须具备以下条件：

（1）发盘应向一个或一个以上特定的人提出。

（2）发盘内容必须确定。

（3）发盘人须有一旦发盘被接受即受约束的意思。

（4）发盘送达受盘人。

2. 发盘的有效期

发盘的有效期是指可供受盘人作出接受的期限。如“offer subject to replay here before October 16，2010”（发盘在2010年10月16日前复到有效）。发盘在到达受盘人时生效。发盘在以下情况时失效：在有效期内未被接受；受盘人表示拒绝或还盘；发盘人对发盘依法撤销；不可抗力事故造成发盘失效；发盘人或受盘人在发盘被接受前丧失行为能力、死亡或法人破产等。

3. 发盘的撤回与撤销

发盘的撤回是指发盘人的撤回通知在发盘到达受盘人之前或同时到达受盘人，收回发盘阻止发盘生效的行为；发盘的撤销是指发盘已到达受盘人并已开始生效，发盘人通知受盘人撤销原发盘，解除其生效的行为。

关于发盘的撤销，英美法认为，在发盘被接受之前，发盘人有权撤销发盘或变更发盘的内容。大陆法则认为，原则上发盘在有效期内不得撤销，除非发盘人在发盘中已表明其不受约束，否则发盘一旦生效后，发盘人就要受其约束，不得随意撤销发盘。为此，《联合国国际货物销售合同公约》对大陆法和英美法的分歧进行了协调，规定在未订立合同之前，如果撤销的通知于受盘人发出接受通知之前送达受盘人，发盘可以撤销。但是在下列情况下，发盘不得撤销：发盘中写明了发盘的有效期或以其他方式表明发盘是不可撤销的；受盘人有理由信赖该发盘是不可撤销的，并已本着对该发盘的信赖行事。

4. 发盘的内容

发盘函主要包括以下四个方面内容：

（1）感谢对方来函，明确答复对方来函询问事项。

（2）阐明交易的条件：品名、规格、数量、包装、价格、装运、支付方式、保险等。

（3）声明发盘有效期或约束条件。

（4）鼓励对方订货。

收到客户询盘后，准备内容完整的发盘函有利于缩短交易磋商的时间，尽快达成协议。为了使发盘更具有竞争力、吸引力，出口方应在发盘前认真搜集关于主要交易条件的信息资料。

（三）还盘

还盘是指受盘人接到发盘后，不同意或不完全同意发盘人在发盘中提出的条件，为进一步磋商，对发盘提出修改意见。

还盘可以采用口头方式，也可采用书面方式。还盘是对发盘的一种拒绝，一项具体的还盘等于受盘人向原发盘人提出一项新的发盘。还盘人由原来的受盘人变成新发盘的发盘人，而原发盘人则变成了新发盘的受盘人。还盘也可以是一个新询盘，它并不是交易磋商的必需环节。

作为买方，总是希望卖方降价，还盘中会罗列诸如以该价格购进自己很难推销、或竞争者类似商品报价很低、或订量大要求折扣、或国际市场价格走低等理由。而卖方总是想维持原价，当买方还盘要求降价时，卖方通常面临三种选择：一是坚持原价。还盘时就应说明产品的优越性，或原料、人工上涨等理由。但如果努力说服客户接受原价，就有可能让客户没有获利感，失去成交的机会，甚至完全失去客户。二是完全接受对方的还价。三是针对对方的还价进行再还价。总之，要降低价格就要进行适当的还价核算。

在贸易谈判过程中，一方在发盘中提出的条件与对方能够接受的条件不完全吻合的情况经常发生，特别是在大宗交易中，很少有一方一发盘即被对方无条件全部接受的情况。因此，虽然从法律上讲，还盘并非交易磋商的必经环节，但在实际业务中，还盘的情况很多。有时一项交易须经过还盘、再还盘等多次讨价还价后，交易才能达成。

还盘函一般应包括如下内容：

（1）确认对方来函，强调讨价还价的理由，表明自己的态度。买方还盘函的开头一般都应礼节性地感谢对方来函，并将自己对来函的总体态度以简洁的语言表示出来。

（2）卖方还盘一般强调原价的合理性，并说明理由。应提出我方条件，并催促对方行动。这部分主要是表达成交的愿望，希望对方早下订单，通常会加上给予折扣等促销的条件或表示工厂订单特别多等刺激对方下单的语句。

（四）接受

接受在法律上称“承诺”，是买方和卖方同意对方在发盘、还盘中提出的各项交易条件，并愿意按这些条件与对方达成交易、订立合同的一种肯定的表示。这种表示可以是作出声明，也可以是作出某种行为。

按法律和惯例，一方的发盘经另一方接受，交易即告达成，合同即告成立，双方就应分别履行其所承担的合同义务。

1. 接受的条件

一项有效的接受一般须具备以下几个条件：

(1) 接受必须由受盘人作出。

(2) 接受必须在发盘有效期内传达到发盘人。

(3) 接受的内容必须与发盘相符，必须是无条件的。有条件的接受，不能视为有效的接受，而是一项反要约。

2. 接受生效的时间与逾期接受

《联合国国际货物销售合同公约》规定，接受通知在到达发盘人时生效。

逾期接受是指接受通知到达发盘人的时间已经超过了发盘所规定的有效期，或在发盘中未规定有效期时已超过了合理时间。逾期接受在一般情况下无效，只能认为是新的发盘。但《联合国国际货物销售合同公约》规定，如果发盘人在收到逾期接受后毫不延迟地通知受盘人，确认其有效，则该逾期接受有效；如果一项接受由于传递不正常而未能及时送达发盘人造成了延误，则该逾期接受有效，除非发盘人毫不延迟地用口头或书面通知受盘人发盘已失效。

3. 接受的撤回

接受的撤回通知必须在该项接受到达发盘人之前或与该项接受同时到达发盘人，才可以接受撤回。但按照英美法的投邮生效原则，接受一经投邮立即生效，所以不存在接受的撤回。

(五) 商务谈判

商务谈判是指不同的经济实体各方为了自身的经济利益和满足对方的需要，通过沟通、协商、妥协、合作、策略等各种方式，把可能的商机确定下来的活动过程。

商务谈判能帮助企业增加利润。通过谈判，尽量以低价买进、高价卖出，一买一卖之间，利润就出来了。它是增加利润最有效也是最快的办法，因为谈判争取到的每一分钱都是净利润。比如企业的某产品通常售价是 1 万元，如果业务员谈判水平提高了，售价提高到 1.1 万元，则提高的 1 000 元完全是净利润；同样，企业在采购时所节省的每一分钱也都是净利润。

1. 商务谈判的步骤

“商务谈判三部曲”，即谈判的步骤分为申明价值（Claiming Value）、创造价值（Creating Value）和克服障碍（Overcoming Barriers to Agreement）三个进程。

(1) 申明价值。此阶段为谈判的初级阶段。谈判双方彼此应充分沟通各自的利益需要，申明能够满足对方需要的方法与优势所在。此阶段的关键步骤是弄清对方的真正需求，因此其主要的技巧就是多向对方提出问题，探询对方的实际需要；与此同时，也要根据情况申明我方的利益所在。因为你越了解对方的实际需求，越能够知道如何才能满足对方的需求；同时，对方知道了你的利益所在，才能满足你的需求。

（2）创造价值。此阶段为谈判的中级阶段。双方彼此沟通，申明各自的利益所在，了解了对方的实际需要。但是，以此达成的协议并不一定能让双方实现利益最大化。也就是说，利益在此协议下往往不能有效地达到平衡。即使达到了平衡，此协议也可能并不是最佳方案。因此，双方需要想方设法寻求更佳的方案，为谈判双方找到最大的利益，这一步骤就是创造价值。创造价值的阶段往往是商务谈判最容易忽略的阶段。

（3）克服障碍。此阶段往往是谈判的攻坚阶段。谈判的障碍一般来自两个方面：一个是谈判双方彼此利益存在冲突；另一个是谈判者自身在决策程序上存在障碍。前一种障碍需要双方按照公平合理的客观原则来协调利益；后一种障碍需要谈判无障碍的一方主动去帮助另一方顺利决策。

2. 商务谈判的技巧

（1）灵活确定谈判态度。在商业活动中需要面对的谈判对象多种多样，我们不能以一样的态度对待所有谈判，而是需要根据谈判对象与谈判结果的重要程度来决定谈判时所要采取的态度。

如果谈判对象对企业很重要，比如长期合作的大客户，而此次谈判的内容与结果对公司并非很重要，那么就可以抱有让步的心态进行谈判，即在企业没有太大损失与影响的情况下满足对方，这样对于以后的合作会更加有利。

如果谈判对象对企业很重要，而谈判结果对企业同样重要，那么就抱持一种友好合作的态度，尽可能达到双赢，将双方的矛盾转向第三方。比如市场区域的划分出现矛盾，那么可以建议双方一起或协助对方去开发新的市场，扩大区域面积，将谈判的对立竞争转化为携手合作。

如果谈判对象对企业不重要，谈判结果对企业也是无足轻重、可有可无，那么就可以轻松上阵，不要把太多的精力消耗在这样的谈判上，甚至可以取消这样的谈判。

如果谈判对象对企业不重要，但谈判结果对企业非常重要，那么就应以积极竞争的态度参与谈判，不用考虑谈判对手，应完全以最佳谈判结果为导向。

（2）充分了解谈判对手。“知己知彼，百战不殆”。在商务谈判中充分了解谈判对手尤为重要，对对手的了解越多，越能把握谈判的主动权。正如参加竞标时，若我们预先知道了招标的底价，自然能以最低的成本获得最高的成功率。

了解对手时，不仅要了解对方的谈判目的、心理底线，还要了解对方公司的经营情况、行业情况、谈判人员的性格、公司文化、谈判对手的习惯与禁忌等。这样便可以避免很多因文化、生活习惯等方面的差异对谈判产生的额外障碍。还有一个非常重要的因素需要了解并掌握，那就是其他竞争对手的情况。

（3）准备多套谈判方案。谈判双方最初拿出的方案都是对自己非常有利的，而双方又都希望通过谈判获得更多的利益，因此，谈判结果肯定不会是双方最初拿出的那套方案，而是双方经过协商、妥协、变通后的结果。

双方在你推我拉的过程中常常容易迷失了最初的意愿，或被对方带入误区，此时最好的办法就是多准备几套谈判方案，先拿出最有利的方案，若未达成协议，就拿出其次的方案，还没有达成协议，就拿出再次一等的方案。即使不主动拿出这些方案，也要做到心中有数，知道向对方的妥协是否偏移了最初自己设定的框架，这样就不会出现谈判结束后，仔细思考才发现自己的让步已经超过预计承受的范围结果了。

（4）建立融洽的谈判气氛。谈判之初，最好先找到双方观点一致之处并表述出来，给对方留下一种彼此更像合作伙伴的潜意识。这样接下来的谈判就容易朝着一个可达成共识的方向发展，而不是呈现剑拔弩张的对抗状态。当遇到僵持局面时，也可以拿出双方的共识来增强彼此的信心，化解分歧。

也可以向对方提供一些其感兴趣的商业信息，或对一些不是很重要的问题进行简单的探讨，达成共识后，双方的心理就会发生奇妙的改变。

（5）设定好谈判的禁区。谈判是一种很敏感的交流，所以，用语要谨慎，避免说出不该说的话，但是在长时间的艰难谈判过程中也难免出错，最好的方法就是提前设定好哪些是谈判中的禁语、哪些话题是危险的、哪些行为是不能做的、谈判的心理底线等。这样就可以最大限度地避免在谈判中落入对方设下的陷阱。

（6）语言表述简练。在商务谈判中忌讳语言松散或像拉家常一样的对话方式，应尽可能让自己的语言变得简练，否则，关键词语很可能会被淹没在拖拉冗长、毫无意义的语言中。

谈判时语言简练，针对性强，争取让对方大脑处在最佳接收信息状态时清楚表述自己的信息，如果要表达的是内容很多的信息，如合同书、计划书等，那么讲述或者诵读时语气应有适当的高、低、轻、重的变化，比如，重要的地方提高声音，放慢速度，也可以穿插一些问句，引起对方的主动思考，增加注意力。在重要的谈判前应该进行一下模拟演练，训练语言的表述、对突发问题的应对等。在谈判中切忌模糊、啰唆的语言，这样不仅无法有效传达自己的意图，更可能使对方产生疑惑、反感心理。

（7）语气委婉。商务谈判虽然不同于政治与军事谈判，但谈判的本质都是一种博弈、一种对抗，充满了火药味。这个时候双方都很敏感，如果语言过于直率或强势，很容易引起对方本能的对抗意识或遭到反对。因此，商务谈判中要在双方遇到分歧时面带笑容，语气委婉地与对手针锋相对，这样对方就不会启动头脑中本能的敌意，接下来的谈判也不容易陷入僵局。

（8）曲线进攻。想达到目的就要迂回前行，直接奔向目标只会引起对方的警觉与对抗。应该巧妙地引导对方的思维，将其思维引入自己的包围圈中，比如，通过提问的方式，让对方主动说出你想听到的答案。反之，越是急切想达到目的，越有可能暴露自己的意图，反被对方所利用。

（9）善于倾听。在谈判中我们往往容易陷入一个误区，那就是充满主动进攻的思维意识，总是在不停地说，总想把对方的话压下去，总想多灌输给对方一些自己的思想，以为这样可以占据谈判主动。其实不然，在这种竞争性环境中，说的话越多，对方会越排斥，能入耳的很少，能入心的更少，而且话多了就挤占了总的谈话时间，对方也有一肚子话想说，被压抑的结果则是很难妥协或达成协议。更为关键的是，善于倾听可以从对方的话语中发现其真正意图，甚至是破绽。

（10）善于控制谈判局势。谈判活动表面看来没有主持人，实则有一个隐形的主持人存在，不是你就是你的对手。因此，要主动争取把握谈判的节奏、方向，甚至是趋势。主持人所应该具备的特质是：语言虽不多，但是招招中的，直击要害；气势虽不凌人，但运筹帷幄，从容不迫，不是用语言把对手逼到悬崖边，而是用语言把对手引领到悬崖边。所以，谈判中应当尽量担当起“隐形主持人”的角色，控制谈判局势，使之向有利于我方的方向发展。

（11）让步式进攻。在谈判中可以适时提出一两个很高的要求，对方必然无法同意；而经历一番讨价还价后可以作出让步，把要求降低或改为其他要求，让对方有一种成就感，觉得自己占了便宜。这时我们其他的、相对低一些的要求就很容易被对方接受。但切忌提出太离谱、过分的要求，否则对方可能觉得我们没有诚意，甚至会被激怒。先抛出高要求也可以有效降低对手对谈判利益的预期，挫伤对手的锐气。

五、实训项目

2010 年 8 月 6 日，厦门周天有限公司外贸业务员王敏收到来自日本客户 Wit Co.，Ltd. 的电子邮件，内容如下：

Dear Sirs,

We are very interested in your Lighter, Style No. DP-02, please quote the price based on CFR TOKYO and L/C at sight.

Meanwhile, please mail a sample of your Lighter, Style No. DP-02 by DHL as soon as possible. We will pay the express charge via DHL Account No. 877 888 666.

Looking forward to hearing from you.

Yours Sincerely,

Jack

王敏立即通知打火机供应商光明有限公司寄打火机样品和报价，当日收到其报价如下：DP-02 U 形机，颜色随机，人民币 1 元/件（含税价），增值税率为 17%，1 000 件装一个出口纸箱，纸箱尺寸为 38.5 厘米×24.5 厘米×23.4 厘米，每箱毛重为 13 千克，净重为 12 千克，月生产能力为 10 000 件，最低起订量为 50 件，交货时付款，工厂交货。

根据核算，出口报价为 USD0.5/PC CFR TOKYO，请根据相关条件书写发盘函，要求在 2010 年 8 月 13 日复到有效。装运期为收到信用证后的 60 天装运。

工作任务四

报价与核算

一、学习目标

➢能力目标：能进行进出口成本、费用的核算并能合理报价。

➢知识目标：了解进出口业务所涉及的各项费用，掌握进出口成本的核算原理与步骤，掌握各种价格之间的换算公式。

二、工作项目

2010 年 4 月 23 日，福建环宇进出口有限公司外贸业务员徐娟收到福建泉州丰泽服装厂回函如下：

福建泉州丰泽服装厂

福建省泉州市丰泽区新权路 125 号

电话：0595-2235×××× 传真：0595-2235××××

To：福建环宇进出口有限公司

Attn：徐娟

Fm：陈利

尊敬的徐小姐：

您好！

收到您的传真后，我公司马上开始打样，样品已于今天上午寄出。全棉女士夹克 L142 的报价及相关信息如下：

面料：100%全棉

里料：100%涤纶

含税价：80 元/件

增值税率：17%

包装方式：出口纸箱包装，20 件/纸箱

包装尺寸：60 厘米×46 厘米×44 厘米

毛重：20 千克/箱

净重：18 千克/箱

月生产能力：5 000 件

最低起订量：2 000 件

付款方式：交货时付款

交货地点：工厂
祝工作顺利！

陈利
2010 年 4 月 23 日

任务：根据福建泉州丰泽服装厂的回函和以下信息，进行出口报价核算。

（1）全棉女士夹克的出口退税率为 11%。

（2）到德国投保一切险的保费率是 0.3%。

（3）从泉州运到福州港的国内运费为 1 500 元/20 英尺集装箱。

（4）业务定额费为采购成本的 5%。

（5）银行费用为出口成交价的 0.3%。

（6）按即期 L/C 支付，预计垫款时间为 1 个月，银行贷款年利率为 6%。

（7）预期销售利润率为 15%。

三、操作示范

第一步：查询汇率。

徐娟通过中国银行网站 http：//www. boc. cn，查询到 2010 年 4 月 23 日美元现汇买入价为：1 美元＝6.8143 元人民币。

第二步：计算成交货物的体积、重量，选择应采用的集装箱，并查询国外运费。

根据福建泉州丰泽服装厂的回函，全棉女士夹克最低起订量 2 000 件，德国 Willi 公司预订 4 000 件，因为每个纸箱装 20 件，所以 4 000 件共装 200 个纸箱。总体积和总毛重分别为：

总体积＝0.6×0.46×0.44×200＝24.288 立方米＜31 立方米

总毛重＝20×200＝4 000 千克＜22 140 千克

因为这批货物的总体积和总毛重都没有超过 20 英尺集装箱的最大内体积（31 立方米）和最大载重量（22 140 千克），因此可装入 1 个 20 英尺集装箱。

徐娟登录中国国际海运网（http：//www. shippingchina. com），进入集装箱整箱运价查询，查到福州港到汉堡港一个 20 英尺集装箱的运费为 800 美元。

第三步：核算出口报价。

假设该商品的出口价格为 X 美元/件。

（1）明确商品价格构成：

CIF 价＝出口成本＋国内费用＋国外运费＋国外保费＋出口利润

（2）核算出口成本：

出口成本＝采购成本－出口退税额

＝采购成本－采购成本÷（1＋增值税率）×出口退税率

＝80－80÷（1＋17%）×11%

＝72.478 6 元/件

(3) 核算出口费用：

国内费用：国内运费＝1 500÷4 000＝0.375 元/件

业务定额费＝采购成本×业务定额费率＝80×5%＝4 元/件

银行费用＝出口价格×银行费用率＝0.3%X 美元/件

垫款利息＝采购成本×贷款年利率×垫款天数÷360

＝80×6%×30÷360＝0.4 元/件

总的国内费用＝0.375＋4＋0.3%X＋0.4＝4.775＋0.003X

国外运费＝800÷4 000＝0.2 美元/件

国外保费＝保险金额×各种保险费率之和

＝CIF 价×（1＋投保加成率）×各种保险费率之和

＝X×（1＋10%）×0.3%＝0.003 3X 美元/件

(4) 核算出口利润：

出口利润＝出口价格×销售利润率＝15%X＝0.15X 美元/件

(5) 核算出口报价：

出口价格＝出口成本＋国内费用＋国外运费＋国外保费＋出口利润

X＝（72.478 6＋4.775）÷6.814 3＋0.003X＋0.2＋0.003 3X＋0.15X

X＝13.67 美元/件

因此出口报价 USD13.67/PC CIF HAMBURG

四、知识链接

(一) 出口报价核算

商品价格是买卖双方磋商谈判的焦点。影响商品价格的主要因素包括商品的品质、包装、交易数量、付款方式和付款时间、运输、保险、季节、相关政策、汇率风险、目标利润等。外贸业务员在出口报价时要充分考虑这些因素。

出口报价核算一般包括明确商品价格构成、核算出口成本、核算出口费用、核算出口利润和核算出口报价等 5 个步骤。

1. 明确商品价格构成

明确商品价格构成是正确出口报价核算的前提。不同的商品价格构成有不同的出口报价核算公式：

FOB 价＝出口成本＋国内费用（＋佣金）＋出口利润

CFR 价＝出口成本＋国内费用（＋佣金）＋国外运费＋出口利润

＝FOB 价＋国外运费

CIF 价＝出口成本＋国内费用（＋佣金）＋国外运费＋国外保费＋出口利润

＝FOB 价＋国外运费＋国外保费

＝CFR 价＋国外保费

2. 核算出口成本

出口成本也称为实际成本，是外贸业务员出口报价考虑的最基本因素，在我国现行外贸制度下，要准确地对外报价，就必须区分企业成本核算的两个概念：

（1）采购成本。采购成本一词主要来源于外贸公司的产品成本，由于大多数外贸企业的产品都是从生产企业采购而来，所以，这一成本称为采购成本；对于生产型外贸企业来讲，这一成本即生产成本，是包含增值税在内的企业产品成本。所以：

增值税额＝货价×增值税率

采购成本＝货价＋增值税额＝货价×（1＋增值税率）

（2）出口成本。出口退税是国家用于鼓励出口的政策，它在客观上降低了出口成本。对于出口企业来讲，企业的出口成本是其采购成本扣除国家退税收入的成本，计算公式如下：

出口退税额＝货价×出口退税率＝采购成本÷（1＋增值税率）×出口退税率

出口成本＝采购成本－出口退税额

＝采购成本－采购成本÷（1＋增值税率）×出口退税率

3. 核算出口费用

出口费用有两种核算方法：一是经验核算法，即根据企业经营状况和管理规定，按采购成本的一定比例计算出口费用；二是明细核算法，即把可能产生的费用相加算出出口费用。下面着重介绍明细核算法。

出口商品的费用主要包括国内费用、国外运费、国外保险费以及可能涉及的佣金和折扣等。

（1）国内费用。

➢国内运费：出口货物在装运前所发生的境内运输费，通常有卡车运输费、内河运输费、路桥费、过境费及装卸费等。

➢业务定额费：出口商在经营中发生的有关费用，如通信费、交通费、交际费、广告费等，又称为经营管理费。一般的核定费用比率按定额费用计算。其计算公式如下：

业务定额费＝采购成本×业务定额费率

➢垫款利息：出口商由向国内供应商购进货物至从国外买方收到货款期间由于资金的占用而造成的利息损失，也包括出口商给予买方延期付款的利息损失，以及出口商资金不足向银行贷款采购的贷款利息支出。其计算公式如下：

垫款利息＝采购成本×贷款年利率×垫款天数÷360

➢银行费用：出口商委托银行向国外客户收取货款、进行资信调查等过程所支出的费用，以及结汇时银行办理贴现、议付的费用和利息支出。一般按银行规定的费用额或费用率计算。其计算公式如下：

银行费用＝出口价格×银行费用率

➢认证费：出口商办理出口许可、配额、产地证明及其他证明所支付的费用。

➢商检费：出口商品检验机构根据国家的有关规定或出口商的请求对货物进行检验所发生的费用。

➢其他国内费用：主要包括仓储费、港区港杂费、报关费用、出口关税等。其中，出口关税是出口国海关根据规定对本国出口货物在运出关境时征收的一种关税。由于征收出口关税会增加出口货物的成本，不利于本国货物在国际市场的竞争，目前西方发达国家基本上都取消了出口税。还在征收的主要是发展中国家，目的是取得财政收入与调节市场供求关系。我国目前对部分钢铁产品、矿产品、农产品以及纺织品等货物征收出口税。计算公式如下：

出口关税税额＝出口完税价格×出口关税税率

出口完税价格是海关征收出口关税所依据的价格。依据《中华人民共和国海关审定进出口货物完税价格办法》第四十二条、第四十三条、第四十四条的规定，我国出口货物的完税价格＝FOB净价÷（1＋出口关税税率），即出口货物是以FOB价成交的，应以该价格扣除出口关税后作为完税价格；如果以其他价格成交的，应换算成FOB价后再按上述公式计算。

上述国内出口费用，需结合出口具体情况核算，有的费用因在出口价格构成中的比重低，有时也可忽略不计。

（2）国外运费。在CFR、CIF、CPT和CIP术语条件下，国外运费是出口报价要核算的主要费用之一。鉴于实际业务中海运和空运是最常使用的运输方式，以及集装箱使用的普遍性，下面着重介绍集装箱的装箱量计算以及海运与空运的运费计算。

➤集装箱装箱量的计算：根据货物性质不同，分别有不同的集装箱装箱量计算方法。如果出口货物属于“泡货”，则集装箱装箱量的计算只要按体积计算即可；如果出口的货物属于“重货”，则集装箱装箱量的计算只要按重量计算即可；如果出口的货物介于“泡货”和“重货”之间，则需同时计算体积和重量。在计算时，出口货物的总重量不能超过集装箱的载重量。计算体积时不仅要求出口货物的总体积不能超过集装箱的内体积，而且要求包装物堆放时总长度、总宽度和总高度不能超过集装箱内长、内宽和内高。常见集装箱参数见表4—1至表4—3。

表4—1 **杂货集装箱参数表**

参数		20英尺箱		20英尺箱		20英尺箱		40英尺箱		40英尺箱	
材质		A（铝制）		B（铝制）		C（钢制）		A（铝制）		B（铝制）	
单位		毫米	英尺—英寸	毫米	英尺—英寸	毫米	英尺—英寸	毫米	英尺—英寸	毫米	英尺—英寸
外部尺寸	长	6 058	19—10.5	6 058	10—10.5	6 058	19—10.5	12 192	40	12 192	40
	宽	2 438	8	2 438	8	2 438	8	3 438	8	2 438	8
	高	2 438	8	2 438	8	2 438	8	2 591	8—6	2 591	8—6
内部尺寸	长	5 930	19—5.44	5 884	19—3.65	5 888	19—3.81	12 062	39—6.87	12 052	39—6.5
	宽	2 350	7—8.5	2 345	7—8.94	2 331	7—7.76	2 350	7—8.5	2 342	7—8.18
名义高度		2 260	7—4.94	2 240	7—4.18	2 255	7—7.45	2 380	7—9.86	2 367	7—0.37
净空高度		2 180	7—1.8	2 180	7—1.8			2 305	7—6.68		
门框尺寸	宽	2 350	7—8.5	2 342	7—8.18	2 340	7—8.12	2 035	7—8.5	2 347	7—8.37
	高	2 154	7—0.81	2 135	7—0.16	2 143	7—0.37	2 284	7—5.68	2 265	7—5.27
单位		立方米	立方英尺	立方米	立方英尺	立方米	立方英尺	立方米	立方英尺		
容积		31.5	1 112	30.9	1 091	31	1 095	67.6	2 386	66.5	2 348

续表

参数	20英尺箱		20英尺箱		20英尺箱		40英尺箱		40英尺箱	
材质	A（铝制）		B（铝制）		C（钢制）		A（铝制）		B（铝制）	
单位	毫米	英尺—英寸	毫米	英尺—英寸	毫米	英尺—英寸	毫米	英尺—英寸	毫米	英尺—英寸
单位	千克	磅	千克	磅	千克	磅	千克	磅	千克	磅
自重	1 600	3 530	1 700	3 570	2 230	4 920	2 990	6 600	3 410	7 500
总重	24 000	52 913	24 000	52 913	24 000	52 913	30 480	67 200	30 480	67 200
载重	22 400	49 383	22 300	49 163	21 770	47 993	27 490	60 600	27 070	59 700

表4—2　　冷冻型集装箱参数表

参数		20英尺箱		40英尺箱	
材质		铝制		铝制	
单位		毫米	英尺—英寸	毫米	英尺—英寸
外部尺寸	长	6 058	19—10 1/2	12 192	40
	宽	2 438	8	2 438	8
	高	2 438	8	2 591	8—6
内部尺寸	长	5 391	17—8 3/16	11 480	27—7 15/16
	宽	2 254	7—4 11/16	2 234	7—3 15/16
名义高度		2 130	6—11 13/16	2 235	7—3 15/16
门框尺寸	宽	2 254	7—4 11/16	2 234	7—3 15/16
	高	2 049	6—8 5/8	2 163	7—1 1/8
单位		立方米	立方英尺	立方米	立方英尺
容积		25.9	914	57.3	2 024
单位		千克	磅	千克	磅
自重		2 750	6 070	4 750	10 480
总重		24 000	52 913	30 480	67 200
载重		21 250	46 873	25 730	56 720

表4—3　　干散货集装箱参数表

参数		20英尺箱		20英尺箱	
材质		A（铝制）		B（铝制）	
单位		毫米	英尺—英寸	毫米	英尺—英寸
外部尺寸	长	6 058	19—10 1/2	6 058	19—10 1/2
	宽	2 438	8	2 438	8
	高	2 438	8	2 438	8
内部尺寸	长	5 929	19—5 7/16	5 889	19—3 27—32
	宽	2 345	7—8 1/4	2 338	7—8 3/64

续表

<table>
<tr><td colspan="2">参数</td><td colspan="2">20英尺箱</td><td colspan="2">20英尺箱</td></tr>
<tr><td colspan="2">材质</td><td colspan="2">A（铝制）</td><td colspan="2">B（铝制）</td></tr>
<tr><td colspan="2">单位</td><td>毫米</td><td>英尺—英寸</td><td>毫米</td><td>英尺—英寸</td></tr>
<tr><td colspan="2">名义高度</td><td>2 213</td><td>7—3 1/8</td><td>2 213</td><td>7—3 1/8</td></tr>
<tr><td rowspan="2">门框尺寸</td><td>宽</td><td>2 350</td><td>7—8 1/2</td><td>2 341</td><td>7/8 5/32</td></tr>
<tr><td>高</td><td>2 154</td><td>7— 0 13/16</td><td>2 130</td><td>6—11 7/8</td></tr>
<tr><td colspan="2">单位</td><td>立方米</td><td>立方英尺</td><td>立方米</td><td>立方英尺</td></tr>
<tr><td colspan="2">容积</td><td>30.8</td><td>1 086</td><td>30.5</td><td>1 076</td></tr>
<tr><td colspan="2">单位</td><td>千克</td><td>磅</td><td>千克</td><td>磅</td></tr>
<tr><td colspan="2">自重</td><td>1 980</td><td>4 370</td><td></td><td>5 511</td></tr>
<tr><td colspan="2">总重</td><td>24 000</td><td>52 913</td><td rowspan="2">2 400</td><td>44 800</td></tr>
<tr><td colspan="2">载重</td><td>22 020</td><td>48 543</td><td>39 289</td></tr>
</table>

➢海运运费的核算：一般货物的海运以班轮运输为主，班轮运输又以集装箱运输为主。集装箱整箱货和拼箱货均按班轮运价支付运费，班轮运价包括基本运费与附加运费两部分。

①班轮运费的构成。基本运费是按船公司公布的运价表所收取的货物自装运港运至卸货港的费用，根据货物的不同积载系数、不同的性质、不同的价值结合不同的航线加以确定，在运价表中包括在不同航线上运输不同货种的单位费率以及计算运费的规则和规定，例如，运价的适用范围、货物的分类、计费标准、计费的币别，以及各种附加费的计算办法和费率等。根据运价表的结构不同可分为等级运价表和单项费率运价表。业务中，等级运价表运用最多。该表前部列有常用商品等级表，不同商品有不同等级，一般分为 20 个等级，从第一级到第二十级运费率越来越高。在商品等级表后列有各航线的杂货与集装箱的费率（包括等级费率和包箱费率），同时附有计收标准和各种附加费的收取。

在班轮运费中，另一部分是附加费，有关附加费，其名目比较繁多，它是根据不同的条件或在不同的事件下对货物进行特殊处理所需要收取的费用。常见的有超重附加费、超长附加费、直航附加费、转船附加费、港口附加费、燃油附加费、货币贬值附加费、绕航附加费、熏蒸附加费等。

②班轮基本运费的计收标准。根据不同商品，基本运费计收标准通常采用下列几种：

A. 按货物毛重计收运费，故称重量吨，运价表内用“W”表示。

B. 按货物的体积/容积计收，故称尺码吨，运价表中用“M”表示。

C. 按重量或体积计收，由船公司选择其中收费较多的作为计费吨，运价表中以“W/M”表示。

D. 按商品价格计收，即称从价运费，运价表内用“A. V”或“AD. VAL”表示，从价运费一般按货物的 FOB 价格的百分之几收取。

E. 在班轮运价表中还有下列标志：“W/M OR AD. VAL”及“W/M PLUS A. V.”，前者表示运费按照货物重量、体积或价值三者较高的一种计收；后者表示先按货物重量或体积计收，然后另加一定百分比的从价运费。

F. 按货物的件数计收，一般只对包装固定，包装内的数量、重量、体积也是固定不变的货物，才按每箱、每捆或每件等特定的运费额计收。

G. 由货主和船公司临时议定，这种方法通常是在承运粮食、豆类、矿石、煤炭等运量大、货价较低、装卸容易、装卸速度快的农副产品和矿产品时采用。在班轮运价表中用“OPEN”表示。

上述计算运费的重量吨和尺码吨统称为运费吨，又称计费吨，现在国际上一般都采用公制（米制），其重量单位为公吨（METRIC TON，缩写为 M/T），尺码单位为立方米（CUBIC METRE，缩写为 m^3），计算运费时 1 立方米作为 1 尺码吨。

③班轮运费的计算。

首先，从货物等级表中查出有关货物的计费等级和计算标准。如通过查找货物等级表，发现品名为 Beans 的计费标准是 W，等级为 5 级。

货物名称	计费标准	等级
Agricultural Machine	W	10
Beans	W	5
Clocks	W/M	8
……		

然后，从航线费率表中查出有关货物的基本费率。如通过查找航线费率表，知道品名为 Beans，等级 5 级，其基本费率为 100 美元/运费吨。

广州—伦敦航线费率表

货物等级	基本费率（美元/运费吨）
1	50
5	100
10	200
……	……

最后，查找各项须支付的附加费率，汇总求出单位货物的运费，将单位运费乘以计算重量吨或尺码吨等运费计收单位，算出总运价。如果是按从价运费，则按规定的百分率乘以 FOB 货值即可，不需再算附加运费。

对于附加费的计算，有的是在基本运费的基础上，加收一个百分比；有的是按每运费吨加收一个绝对数计算。

综上所述，班轮运费的计算公式为：

班轮运费＝基本运费＋附加费

＝基本运费率×运费吨×（1＋各种附加费率之和）

以上运费计算主要针对件杂货而言，若是集装箱货拼箱货，其计算方法与件杂货一样，只要用拼箱费代替件杂货中的基本费；集装箱整箱货的运费直接用箱数×包箱费率来计算。

需要注意的是以上核算的都是运费的总额，在出口报价中要核算的是单位商品的运费。

➢航空运费的计算。计费重量，是指用以计算货物航空运费的重量，在航空运输中，计费重量可能是货物的实际毛重、体积重量或较高重量分界点重量。货物的实际毛重即包括货物包装在内的货物重量；货物的体积重量是指根据国际航协的规则，将货物的体积按一定比例折合的重量。

计算货物的体积重量基本遵循以下步骤：计算商品体积→计算商品体积重量（以计算的货物体积按每 0.006 立方米折合 1 千克的标准折算体积重量）→计算商品毛重→确定商品计费重量→选择应用的运价（如计费重量接近较高重量分界点，可根据实际计费重量及分界点重量分别计算运费，然后两者比较取低者）→计算航空运费。

即：　　　　　　　　　货物的体积重量＝货物体积÷0.006 m^3/kg

（3）国外保险费。按 CIF、CIP 价格成交，由出口商负责办理国际货物运输保险，出口报价时要核算保险费的支出。计算公式如下：

保险费＝保险金额×各种保险费率之和

其中，保险金额是所保险货物的投保金额，一般在合同金额的基础上加成一定的比例（通常加 10%），即保险金额＝CIF（CIP）价×（1＋投保加成率），若原报价为 FOB（FCA）或 CFR（CPT）等贸易术语，则应将其转换成 CIF 或 CIP 价格后再计算保险费。转换公式如下：

CIF（CIP）价＝CFR（CPT）价÷［1－（1＋投保加成率）×各种保险费率之和］

CIF（CIP）价＝（FOB 价＋国外运费）÷［1－（1＋投保加成率）×各种保险费率之和］

（4）佣金。佣金是买方或卖方付给中间商的报酬。如在合同价格条款中，明确规定佣金的百分比，叫做“明佣”，例如 USD1000 PER M/T CIF5% LONDON。如不在合同中表示出来，由当事人按约定另行私下交付，叫做“暗佣”。包含佣金的价格称含佣价；反之，不含佣金的价格为净价。佣金额是由含佣价乘以佣金率得到的。贸易中如无特别规定，佣金额通常是依据报价来计算的。计算公式如下：

佣金＝含佣价×佣金率

净价＝含佣价×（1－佣金率）

含佣价＝净价÷（1－佣金率）

4. 核算出口利润

价格中所包含的利润大小往往根据商品、行业、市场需要以及企业的价格策略来决定，因此，它并没有一定的标准。利润作为商人自己的收入，其核算方法由商人自己决定。在实际业务中，商人决定利润的方法主要有两种：一是根据以往经营的经验按某一固定的数额作为单位商品的利润；二是以一定的百分比作为经营的利润率来核算利润额，在用利润率来核算利润额时，应当注意计算的基数，可以用某一成本（生产成本、购货成本或出口成本）作为计算利润的基数，也可以用销售价格作为计算利润的基数。计算公式如下：

成本利润率＝出口利润÷采购成本

销售利润率＝出口利润÷出口价格

实际业务中多数情况下核算的是销售利润率。

5. 核算出口报价

根据不同的贸易术语采用不同的出口报价核算公式，计算出口报价。

【例 1】 2007 年 8 月 6 日，广州天象进出口有限公司（Guangzhou Tianxiang Imp. & Exp. Co.，Ltd.）外贸业务员张莉收到来自日本客户 WWW. Co.，Ltd 的电子邮件，内容如下：

> Dear Sirs,
>
> We are very interested in your Ladies Jacket, Style No. T208, whose shell fabric would be 100% cotton, please quote the price based on CFR TOKYO and L/C at sight. Meanwhile, please mail a sample of ladies Jacket by DHL as soon as possible. We will pay the express charge via DHL Account No. 877 888 666.
>
> Looking forward to hearing form you.
>
> Yours Sincerely,
>
> Jack

张莉立即通知夹克的供应商华丽服装有限公司寄 3 件女式夹克样品和报价，当日收到其报价如下：女式夹克，全棉，人民币 56 元/件（含税价），增值税率为 17%，12 件装一个出口纸箱，纸箱尺寸为 78 厘米×57 厘米×24 厘米，每箱毛重为 15 千克，净重为 14 千克，月生产能力为 5 000 件，最低起订量为 2 000 件，交货时付款，工厂交货。

次日，张莉收到华丽服装有限公司寄来的 3 件女式夹克样品之后，马上寄给日本客户 1 件女式夹克样品。若 2007 年 8 月 6 日的美元牌价为 USD1＝RMB¥7.5447/7.5749；业务定额费为采购成本的 5%；国内运费为 RMB¥1 000；国内其他费用为 RMB¥1 000；预计垫款时间为 1 个月，银行贷款年利率为 6.84%；出口退税率为 11%，退税款利息忽略不计；银行手续费预计为出口报价的 0.5%；国外运费按 W/M 计算，每运费吨为 USD10；预期利润率为 15%，请核算出口报价。（计算过程中，数值要保留到小数点后 4 位，最后报价保留到小数点后 2 位）

解：按 2 000 件最低起订量作为出口报价核算的商品数量，假设该商品的出口报价为 X 美元/件。

CFR 价＝出口成本＋国内费用＋国外运费＋出口利润

(1) 核算出口实际成本

出口实际成本＝采购成本－出口退税额

＝采购成本－采购成本÷（1＋增值税率）×出口退税率

＝［56－56÷（1＋17%）×11%］÷7.544 7

＝6.724 6 美元/件

(2) 核算国内费用

国内运费＝（1 000÷2 000）÷7.544 7＝0.066 3 美元/件

业务定额费＝采购成本×定额费率＝56×5%÷7.544 7＝0.371 1 美元/件

银行费用＝出口价格×银行费用率＝0.5％X

垫款利息＝采购成本×贷款年利率×垫款天数÷360＝56×6.84％÷12÷7.544 7＝0.042 3 美元/件

其他费用＝（1 000÷2 000）÷7.544 7＝0.066 3 美元/件

国内费用＝国内运费＋业务定额费＋垫款利息＋其他费用＋银行费用

＝0.066 3＋0.371 1＋0.042 3＋0.066 3＋0.5％X

＝0.546＋0.5％X

（3）核算国外运费

因为 $M=0.78\times0.57\times0.24=0.106\,7\ M^3>W=0.015MT$

所以，按体积作为运费的计征标准。

国外运费＝0.106 7×10÷12＝0.088 9 美元/件

（4）核算出口利润

出口利润＝出口价格×销售利润率＝15％X

（5）出口报价＝出口成本＋国内费用＋国外运费＋出口利润

X＝6.724 6＋0.546 1＋0.5％X＋0.088 9＋15％X

0.845X＝7.359 6

X＝8.71 美元/件

答：该商品的对外报价应该是 8.71 美元/件。

（二）进口报价核算

进口商品国内销售价格是由进口价格（进口成本）、进口费用和进口利润（预期利润）构成的。

1. 以 FOB 术语成交，征收进口消费税和进口增值税的国内销售价格

计算公式如下：

国内销售价格＝进口价格＋进口费用＋进口利润

进口价格＝国内销售价格－进口费用－进口利润

进口费用＝国外运费＋国外保费＋进口关税＋进口消费税＋进口增值税

＋实缴增值税＋银行费用＋垫款利息＋其他进口费用

进口利润＝进口价格×预期利润率

采用 CFR 术语时，以上公式中进口价格为 CFR 价，不包括国外运费；采用 CIF 术语时，以上公式中进口价格为 CIF 价，不包括国外运费和国外保费；不征收消费税时，以上公式中不包括进口消费税；进口免税时，以上公式中不包括进口关税、进口消费税、进口增值税和实缴增值税。

2. 进口费用

进口业务的费用和出口一样也包括国内费用和国外费用。

（1）国内费用。进口业务国内总费用包括国内运输费、国内保险费、仓储费、港区港杂费、报检费、捐税、贷款利息、业务费用、银行费用、垫款利息、代理费等。其中，捐税是进口业务国内费用的主要组成部分，包括进口关税以及由海关代征的消费税、增值税等。

➢进口关税。进口关税是指由进口国海关按照关税政策、税法和进口税则，对输入关境的货物向进口商征收的一种流转税。输入关境的形态包括外国货物直接进入进口国关境和由自由港、自由贸易区或海关保税区等免征进口关税的其他区域提出运往进口国国内销售。计算公式如下：

进口关税额＝进口关税完税价格×进口关税率＝CIF 价×进口关税率

进口关税完税价格为经海关审定的 CIF 价，如果按其他贸易术语进口，需将价格换算成 CIF 价。

进口关税是一国推行对外政策的一项重要手段，各国往往根据政治经济关系的需要，对来自不同国家的同一种商品实行不同的税率，形成一种差别关税待遇。根据我国差别关税待遇的需要，进口关税设置最惠国税率、协定税率、特惠税率、普通税率、暂定税率、关税配额税率和报复性关税税率等税率。

➢进口增值税。是以商品在生产、流通环节所创造的新增价值为课税对象的一种流转税。进口增值税是由海关代理税务机关向进口企业征收的进口商品增值税。进口增值税按从价征税，其基本税率是 17%，对于进口粮食、食用植物油、水、气、饲料、化肥、农药、农机、金属矿和贵金属矿等产品以及国务院规定的其他货物的，按 13%计征增值税。计算公式如下：

进口增值税额＝增值税的完税价格×进口增值税率

增值税的完税价格＝进口关税的完税价格＋进口关税＋进口消费税

值得注意的是，进口增值税只是海关在货物进口时代征的税款，该税款并不是该货物真正的增值税税负，该进口货物真正的增值税税负为该进口货物在国内销售时缴纳的增值税额减去进口时海关代征的进口增值税后的税额。即：

实缴增值税＝国内销售价格÷（1＋增值税率）×增值税率－进口增值税

➢进口消费税。是以消费品或消费行为的流转额作为课税对象而征收的一种流转税。我国消费税的征收是在对货物普遍征收增值税的基础上，选择少数消费品再征收的税。如过度消耗资源和危害生态环境的商品（如汽车、摩托车、成品油、木制一次性筷子、实木地板、轮胎等），过度消费不利于人类健康的商品（如烟、酒等）以及奢侈品类消费品（如高尔夫球及球具、游艇、高档手表、化妆品、高档首饰等）。进口消费税由海关代理税务机关向进口企业征收。计算公式如下：

进口消费税额＝进口消费税的完税价格×进口消费税率

进口消费税的完税价格＝（进口关税的完税价格＋进口关税）÷（1－进口消费税率）

（2）国外费用。包括进口可能涉及的国外运费、保险费、佣金、代理费等，其计算方法同出口货物一样。

3. 进口利润

与出口利润相似，进口利润作为商人自己的收入，其核算方法由商人自己决定。在实际业务中，通常采用预期利润率来核算利润额。即：

进口利润＝进口价格×预期利润率

【例 2】 2007 年 8 月 6 日，杭州乐乐有限公司 HANGZHOU LELE CO. LTD.（9 XU-

EYUAN ROAD，HANGZHOU CHINA）计划向英国的 TY CO.LTD.（12 KING STREET，LONDON，ENGLAND）进出口公司进口废纸，通过谈判双方达成如下协议。

单价：200 美元/公吨，CIF 上海。

数量：80 公吨，允许数量和金额有 1%增减。

包装：捆装。

运输：采用 4 个 20 英尺集装箱；收到信用证后 30 天内装运；从伦敦到上海，允许转运，不允许分批装运。

保险：由卖方按 CIF 金额的 110%投保一切险。

支付：采用信用证支付，付款时间为海运提单日后 30 天付款。

2007 年 8 月 6 日的美元牌价为 USD1＝RMB7.544 7/7.574 9，银行贷款利率为 6.84%，预计垫款时间为 2 个月；免开保证金，银行费用为进口成交额的 0.5%；进口关税税率为 5%，增值税税率为 17%；进口其他费用为 1 600 元。如果预期进口利润率不低于 20%（按进口价格计），则进口商的国内销售价格应该为多少？（计算过程保留到小数点后 4 位，最终结果保留小数点后 2 位）

解：假设国内销售价格为 X 元/公吨。

国内销售价格＝进口价格＋进口费用＋进口利润

（1）计算国内进口费用

进口关税＝进口关税的完税价格×进口关税税率

＝CIF×进口关税税率

＝200×5%×7.5749

＝75.749 元/公吨

进口增值税＋实缴增值税＝国内销售价格÷（1＋增值税率）×增值税率

＝X÷（1＋17%）×17%

＝0.145 3X

银行费用＝进口价格×银行费率＝200×0.5%×7.574 9＝7.574 9 元/公吨

垫款利息＝进口价格×贷款年利率×垫款天数÷360

＝200×6.84%×2÷12×7.574 9＝17.27 元/公吨

其他进口费用＝1 600÷80＝20 元/公吨

进口费用＝进口关税＋进口增值税＋实缴增值税＋银行费用

＋垫款利息＋其他进口费用

＝75.749＋0.145 3X＋7.574 9＋17.27＋20

＝120.593 9＋0.145 3X

（2）进口利润＝进口价格×预期利润率

＝200×20%×7.574 9＝302.996 元/公吨

（3）国内销售价格＝进口价格＋进口费用＋进口利润

X＝200×7.574 9＋120.593 9＋0.145 3X＋302.996

0.854 7X＝1 938.569 9

X=2 268.13 元/公吨

答：该商品的国内销售价格应该为 2 268.13 元/公吨。

五、实训项目

1. 2010 年 8 月 6 日，厦门周天有限公司（Xiamen Zhoutian Corporation，No. 1198，Dongfanglu Rd，Xiamen，361000，China）外贸业务员王敏收到来自日本客户 Wit Co.，Ltd. 的电子邮件，内容如下：

> Dear Sirs,
>
> We are very interested in your Lighter, Style No. DP—02, please quote the price based on CFR TOKYO and L/C at sight.
>
> Meanwhile, please mail a sample of your Lighter, Style No. DP-02 by DHL as soon as possible. We will pay the express charge via DHL Account No. 877 888 666.
>
> Looking forward to hearing from you.
>
> Yours Sincerely,
>
> Jack

王敏立即通知打火机的供应商光明有限公司寄打火机样品和报价，当日收到其报价如下：DP-02 U 形机，颜色随机，人民币 1 元/件（含税价），增值税率为 17%，出口退税率为 11%，1 000 件装一个出口纸箱，纸箱尺寸为 38.5 厘米×24.5 厘米×23.4 厘米，每箱毛重为 13 千克，净重为 12 千克，月生产能力为 10 000 件，最低起订量为 50 件，交货时付款，工厂交货。王敏请示了经理，决定以一个 20 尺柜向日商报价，经过查询，王敏得到如下的信息：

USD1=RMB ￥6.8

业务定额费率：5%

海运费：375 USD/20

内陆运输费：RMB ￥4 000

其他国内费用：RMB ￥800

银行贷款年利率：6.12%，预计垫款 1 个月

银行费用按信用证金额 0.15%计，预期销售利润率 10%。

请根据如上的信息，帮助王敏核算出口价格。（要求列出计算过程）

2. 厦门周天有限公司（Xiamen Zhoutian Corporation，No. 1198，Dongfanglu Rd，Xiamen，361 000，China）根据市场行情，计划拿出 RMB ￥ 1 140 000 的总预算购买 2 台新的意大利产的 GGG 牌剑杆织机 Rapier Loom（不用国际招投标），现公司指派王敏向该品牌亚洲总代理香港 ITMM Ltd. 进口，并要求其报价。

2010 年 3 月 25 日，公司收到 ITMM Ltd. 报价如下：单价为 EUR40 000.00 /set FOB Genoa，Italy，收到信用证后 30 天内装运，按即期信用证支付。该剑杆织机的进口关税税率为 8%，进口环节增值税税率为 17%，国外运费为 EUR2 000，国外保费为 EUR200，港

区费用 RMB ￥2 000，内陆运输费 RMB ￥4 000，银行费用按开证金额 0.15%计，其他费用合计 RMB ￥2 000，欧元牌价为 EUR1＝RMB ￥10.90/11.00。如果接受 ITMM Ltd. 报价，请替外贸业务员王敏计算购买这 2 台剑杆织机的总金额。该总金额是否在厦门周天有限公司的采购预算之内？（要求列出计算过程）

工作任务五

签订外贸合同

一、学习目标

➢能力目标：能够独立完成外贸合同的拟定工作，并按要求签署。

➢知识目标：熟悉进出口合同文本，掌握进出口合同的商品品质、数量、包装、价格、运输、保险等条款的内容。

二、工作项目

2010 年 5 月 4 日，福建环宇进出口有限公司外贸业务员徐娟通过与 Willi Gmbh & Co. KG 的经理 Alan Lee 反复磋商，达成 12.87 美元/件 CIF 汉堡的成交价，并就其他条款达成了协议，主要磋商谈判结果如下：

1. 商品：女士夹克；款号：L142；面料：100%全棉；里料：100%涤纶。

2. 数量：4 000 件，颜色和尺码明细见表 5—1。

表 5—1　　颜色和尺码明细　　件

尺码 颜色	S	M	L	XL	总计
黑色	300	700	700	300	2 000
白色	300	700	700	300	2 000
总计	600	1 400	1 400	600	4 000

3. 价格：12.87 美元/件 CIF 汉堡。

4. 金额：5 1480.00 美元。

5. 包装：出口纸箱包装，20 件/纸箱，单色单码。

正唛：Willi/销售合同号/款式号/目的港名称/箱号。

侧唛：颜色/纸箱尺寸/每箱数量。

6. 运输：收到信用证后 2 个月内装运，从中国福州到德国汉堡，不允许分批和转运。

7. 付款：即期信用证，要求在 2010 年 5 月 20 日之前开到卖方。

8. 保险：由卖方按发票金额的 110%投保中国保险条款的一切险。

9. 单据：

(1) 签署的商业发票一式三份。

(2) 装箱单一式三份。

(3) 全套清洁已装船海运提单，做成空白抬头、空白背书，标明运费预付，通知买方。

（4）保险单一式两份。

（5）卖方在装运后 2 天内发给买方装运通知传真副本，通知提单号码、商品名称、数量、包装数量、金额、船名、航次和装运日期。

注：数量和金额都允许有 5%的增减。

任务：根据与 Willi Gmbh & Co. KG 达成的上述协议条款，拟定一份号码为 FZHY10021 的出口合同，并签订出口合同。

三、操作示范

第一步：拟定出口合同。

出口合同内容可分为约首、本文和约尾三个部分。

1. 约首

约首一般包括合同的名称、合同编号、订约日期、订约双方当事人的名称和地址、双方订立合同的意愿和执行合同的保证等。

2. 本文

本文是合同的主体部分，主要包括品名和品质条款、数量条款、价格条款、包装条款、装运条款、保险条款、支付条款、单据条款、检验条款、索赔条款、仲裁和不可抗力条款等。

3. 约尾

约尾一般包括合同份数、使用文字及其效力、生效时间以及当事人的签字等内容。

徐娟拟定的合同内容如下：

SALES CONTRACT

NO. FZHY10021　　　　DATE：May 4，2010

THE SELLER：Fujian Huanyu Import and Export CO.，Ltd.
203 Fufeilu street，Fuzhou，China
Tel：0086-0591-8832××××　　Fax：0086-0591-8832××××

THE BUYER：Willi Gmbh & Co. KG
Rote brucke 16－20 22114 Hamburg，Germany
Tel：0049-40-714××××　　Fax：0049-40-714××××

This Contract is made by and between the Buyer and Seller，whereby the Buyer agrees to buy and the Seller agrees to sell the under-mentioned commodity according to the terms and conditions stipulated below：

Commodity & Specification	Quantity	Unit Price	Amount
Ladies jacket Style no. L142 Shell：100% cotton Lining：100% polyester As per the confirmed sample of Apr. 23，2010	4 000pcs	CIF Hamburg USD 12. 87/pc	USD 51 480. 00

Total	4 000pcs		USD 51 480. 00
TATOL CONTRACT VALUE：SAY U. S. DOLLARS FIFTY ONE THOUSAND FOUR HUNDRED AND EIGHTY ONLY			
More or less 5% of the quantity and amount are allowed			

Size/Color assortment：　　**Unit**：**piece**

Size / Color	S	M	L	XL	Total
Black	300	700	700	300	2 000
White	300	700	700	300	2 000
Total	600	1 400	1 400	600	4 000

PACKING：20 pieces of ladies jackets are packed in one export standard carton，solid color and solid size in the same carton.

MARKS：shipping mark includes Willi，S/C no.，style no.，port of destination and carton no..

Side mark must show the color，the size of carton and pieces per carton.

TIME OF SHIPMENT：

Within 60 days upon receipt of the L/C which accord with relevant clauses of this Contract.

PORT OF LOADING AND DESTINATION：

From Fuzhou，China to Hamburg，Germany

Partial shipment and transshipment are not allowed.

INSURANCE：

To be effected by the Seller for 110% of invoice value covering ALL Risks as per CIC of PICC dated 01/01/1981.

TIMES OF PAYMENT：

By Letter of Credit at sight，reaching the Seller before May 20，2010 and remaining valid for negotiation in China for further 15 days after the effected shipment. In case of late arrival of the L/C，the Seller shall not be liable for any delay in shipment and shall have the right to rescind the contract and/or claim for damages.

DOCUMENTS：

+Sign Commercial Invoice in 3 copies.

+Packing List in 3 copies.

+Full set of clean on board ocean Bill of Lading marked "freight prepaid" made out to order blank endorsed notifying the Buyer.

+Insurance Policy in 2 copies.

+Seller's Certified Copy of Fax dispatched to the Buyer within two days after shipment advising B/L no.，name，quantity and amount of goods，number of packages，name of vessel and voyage no.，and date of shipment.

INSPECTION:
The certificate of quality issued by the China Entry—Exit Inspection and Quarantine Bureau shall be taken as the basis of delivery.

CLAIMS:
In case discrepancy on the quality or quantity of the goods is found by the Buyer, after arrival of the goods at the port of destination, the Buyer may, within 30 days after arrival of the goods at the port of destination, lodge with the Seller a claim which should be supported by an Inspection Certificate issued by a public surveyor approved by the Seller. The Seller shall, on the merits of the claim, either make good the loss sustained by the Buyer or reject their claim, it being agreed that the Seller shall not be held responsible for any loss or losses due to natural cause failing within the responsibility of Ship—owners or the Underwriters. The Seller shall reply to the Buyer within 30 days after receipt of the claim.

LATE DELIVERY AND PENALTY:
In case of late delivery, the Buyer shall have the right to cancel this contract, reject the goods and lodge a claim against the Seller. Except for Force Majeure, if late delivery occurs, the Seller must pay a penalty, and the Buyer shall have the right to lodge a claim against the Seller. The rate of penalty is charged at 0.1% for every day. The total penalty amount will not exceed 5% of the shipment value. The penalty shall be deducted by the paying bank or the Buyer from the payment.

FORCE MAJEURE:
The Seller shall not held responsible if they, owing to Force Majeure cause or causes, fail to make delivery within the time stipulated in the Contract or cannot deliver the goods. However, in such a case, the Seller shall inform the Buyer immediately by cable and if it is requested by the Buyer, the Seller shall also deliver to the Buyer by registered letter, a certificate attesting the existence of such a cause or causes.

ARBITRATION:
All disputes in connection with this contract or the execution thereof shall be settled amicably by negotiation. In case no settlement can be reached, the case shall then be submitted to the China International Economic and Trade Arbitration Commission for settlement by arbitration in accordance with the Commission's arbitration rules. The award rendered by the commission shall be final and binding on both parties. The fees for arbitration shall be borne by the losing party unless otherwise awarded.
This contract is made in two original copies and becomes valid after signature, one copy to be held by each party.

THE SELLER:	**THE BUYER:**
Fujian Huanyu Import and Export CO., Ltd.	Willi Gmbh & Co. KG
张 宇	Willi Brown

第二步：请对方签署合同。

徐娟把出口合同传真给 Willi Gmbh & Co. KG，当天收到对方公司盖章签名的出口合同传真件，该合同开始生效。

四、知识链接

(一) 外贸合同成立的时间

根据《联合国国际货物销售合同公约》的规定，合同成立的时间为接受生效的时间，而接受生效的时间，又以通知到达发盘人或按交易习惯及发盘要求作出接受行为为准。即合同成立的时间有两个判断标准：一是有效接受的通知到达发盘人时，合同成立；二是受盘人作出接受行为时，合同成立。

(二) 外贸合同生效的要件

买卖双方就各项交易条件达成协议后，并不意味着此项合同一定有效。各国合同基本上都有此类规定，一项合同，除买卖双方就交易条件通过发盘和接受达成协议后，还需具备以下要件，才是一项有效的合同，才能得到法律上的保护。

1. 合同当事人必须具有签约能力

签订买卖合同的当事人主要为自然人或法人，按各国法律的一般规定，自然人签订合同的行为能力，是指精神正常的成年人才能订立合同；未成年人、精神病人等不具有签订合同的合法资格；关于法人签订合同的行为能力，各国法律一般认为，法人必须通过其代理人，在法人的经营范围内签订合同，即越权的合同不能发生法律效力。

2. 合同必须有对价或约因

英美法认为，对价（consideration）是指当事人为了取得合同利益所付出的代价。法国法认为，约因（cause）是指当事人签订合同所追求的直接目的。按照英美法和法国法的规定，合同只有在有对价或约因时，才是法律上有效的合同，无对价或无约因的合同，是得不到法律保障的。

3. 合同的内容必须合法

许多国家往往从广义上解释“合同内容必须合法”，其中包括不得违反法律、不得违反公共秩序或公共政策，以及不得违反善良风俗或道德三个方面。

4. 合同必须符合法律规定的形式

世界上大多数国家，只对少数合同才要求必须按法律规定的特定形式订立，而对大多数合同，一般不从法律上规定应当采取的形式。《中华人民共和国合同法》第十条规定：“当事人订立合同，有书面形式、口头形式和其他形式。”

5. 合同当事人的意思表示必须真实

各国法律都认为，合同当事人的意思表示必须是真实的才能成为一项有约束力的合同，否则这种合同无效。

(三) 外贸合同的种类

在国际上，外贸合同的订立包括书面、口头和其他三种形式。但在我国，建议外贸业务员一定要签订书面外贸合同。外贸合同的形式包括销售合同、销售确认书、协议等。

销售合同（sales contract）和销售确认书（sales confirmation）是书面外贸合同的主要形式。进出口商一般都备有印有固定格式的销售合同和销售确认书。销售合同的内容包括合同的主要条款和一般条款；销售确认书与销售合同具有同样的法律效力，但在内容上则没有异议索赔、仲裁与不可抗力等一般性条款。

协议（agreement）在法律上是合同的同义词，合同本身就是当事人为了设立、变更或经过民事关系而达成的协议。只要协议的内容对买卖双方的权利和义务做了明确、具体和肯定的规定，协议就具备与合同一样的法律效力。如果买卖双方只就部分交易条件达成一致，签订了一个初步协议，其他条件以后再行洽谈，这种情况下，初步协议不具有合同的性质。

（四）外贸合同的主要条款

下面重点介绍本文的主要条款。

1. 商品名称条款

商品名称（Name of Goods）是指能使某种商品区别于其他商品的称呼或概念，也称为品名。在制定进出口合同时，商品名称条款必须明确、具体，不能用统称。

2. 商品品质条款

商品品质（Quality of Goods）是指商品的内在素质和外观形态的综合，前者包括商品的物理和机械性能、化学成分及生物特征等自然属性，后者包括商品的外形、色泽、款式等。

（1）商品品质表示法。商品品质包括实物和文字说明两种表示法。

➢实物表示法。凭样品买卖是实物表示法的最常见形式，是以样品品质作为买卖双方交付货物的品质依据的方法，包括凭买方样品买卖、凭卖方样品买卖和凭对等样品买卖等。

凭买方样品买卖（Sale by Buyer's Sample）是以买方提供的样品品质作为货物交付的品质依据，卖方所交货物品质必须与买方样品一致。

凭卖方样品买卖（Sale by Seller's Sample）是以卖方提供的样品品质作为双方货物交付的品质依据，卖方所交货物品质必须与样品一致。

凭对等样品买卖（Sale by Counter Sample）是买方提供样品，卖方为稳妥起见，根据买方来样仿制或从现有货物中选择品质相近的样品提供给买方，供买方确认。

➢文字说明表示法。文字说明表示法是指用文字、图表、照片等方式来说明成交商品的品质，包括凭规格买卖（Sale by Specifications）、凭等级买卖（Sale by Grade）、凭标准买卖（Sale by Standard）、凭品牌（Sale by Brand）或商标（Sale by Trade Mark）买卖、凭产地名称买卖（Sale by Name of Origin）、凭说明书买卖（Sale by Description and Illustration）等。

（2）品质公差条款。品质公差是指受制于科学技术水平，使得某些工业品的品质存在着行业公认的误差。只要卖方所交货物的品质差异在品质公差范围内，就被认为达到了合同的品质要求。

（3）品质机动幅度条款。品质机动幅度是指卖方所交商品品质指标可以在一定幅度内波动，主要适用于初级产品。品质机动幅度的规定方法主要有三种：规定范围、规定极限、规定上下差异等。例如：

规定范围：鸡蛋，一级 50～55 克/枚。

规定极限：中国大豆，水分（最高）10%，杂质（最高）2%，含油量（最低）50%。

规定上下差异：烟台苹果，一级果平均单果重 400 克，上下波动 5 克；果径 80 毫米，上下波动 2%。

3. 商品数量条款

商品数量（Quantity of Goods）条款主要包括买卖双方成交商品的数量和计量单位，有时还包括计量方法、数量机动幅度等内容。

以商品重量作为计量单位为例，其计量方法包括按毛重计算、按净重计算、按公量计算、按理论重量计算等，若未注明，即为按净重计算。

数量机动幅度条款是指规定卖方实际交货数量可以多于或少于合同所规定的数量一定幅度的条款，又称为溢短装条款（More or Less Clause）。主要包括溢短装百分比、溢短装决定权和溢短装部分计价三部分，例如：

10 000M/T，5% more or less at seller's option at contracted price.

10 000 公吨，溢短装 5%由卖方决定，溢短装部分依合同价格计算。

4. 商品包装条款

商品包装条款一般包括包装种类、包装方式、包装标志和包装费用承担等内容。

（1）包装种类。根据在流通过程中的作用，包装分为运输包装和销售包装。

➢运输包装。又称为外包装、大包装，其作用是保护商品，便于运输、装卸、储存和计数等。运输包装包括单件运输包装和集成运输包装，单件运输包装主要有纸箱（Carton）、木箱（Wooden case）、塑料桶（Plastic Drum）、铁盒（Iron Box）、尼龙袋（Nylon Bag）等；集成运输包装主要指托盘（Pallet）和集装箱（Container）。

➢销售包装。又称内包装、小包装、陈列包装，直接接触商品并与商品一起卖给消费者。其作用除保护商品之外，还包括美化商品、宣传商品、促进商品销售等。

由于大量日用和家用商品都在超市销售，因此这些商品的销售包装一般都要求有条形码（Product Code）。条形码是由一组规则排列的条、空及相应字符组成的标记，用以表达一定的商品信息。国际上主要有 UPC（Universal Product Code）和 EAN（European Article Number）两类条形码，前者是美国编制的，后者是国际物品编码协会编制的。我国于 1991 年 4 月正式加入国际物品编码协会。

（2）包装方式。包装方式一般指包装尺寸、数量/重量、填充物和加固条件等，如“纸箱装，每箱装 15 件”（Packed in carton of 15 pieces each）等。

（3）包装标志。包装标志也称为唛头，在包装正面的唛头称为正唛，也称为运输标志（Shipping Mark），一般包括收货人名称的英文缩写或简称、参考号（订单号、信用证号等）、目的地（港）和件号等内容；在包装侧面的唛头称为侧唛，侧唛一般包括单位包装的长、宽、高，毛重/净重，指示性标志，警告性标志等内容。

指示性标志是指示有关各方在装卸、运输和保管过程中需注意的事项，一般用简单醒目的图形和文字在包装上标出。警告性标志又称为危险货物包装标志。在运输包装内装有易燃品、有毒物品、爆炸物品、放射性物质等危险品时，都需要在运输包装上标出各种危险品标志，以示警告，保护人身和物品的安全。

（4）包装费用承担。包装费用一般包含在货价中，但如果买方要求特殊包装，则会增加包装费用，此时必须在合同中订明如何计费以及何时收费。

5. 商品价格条款

拟定商品价格条款时，必须注意其构成要素的完整性与科学性。商品价格条款一般由商品单价及商品总价构成。

(1) 商品单价条款。商品单价条款一般包括计价货币、单位价格金额、计量单位及贸易术语四部分。例如：

单价：每公吨 50 美元 CIF 汉堡

UNIT PRICE：USD50.00 PER M/T CIF HAMBURG

有些贸易中，买卖双方在磋商时会涉及支付给对方的佣金或折扣，这一部分内容在双方协商后也要体现在商品单价条款中。例如：

单价：每箱 400 日元 FOB 厦门含 5%佣金

UNIT PRICE：JPY400.00 PER CARTON FOBC5% XIAMEN

单价：每件 200 元人民币 CIP 拉各斯，含 2%折扣

UNIT PRICE：CNY200 PER PC CIP LAGOS INCLUDING 2% DISCOUNT

(2) 商品总价条款。商品总价条款包括计价货币与商品总价两部分。注意总价的大小写金额要一致。例如：

商品总价：60 000 美元

TOTAL AMOUNT：USD60 000.00 (SAY U.S. DOLLARS SIXTY THOUSAND ONLY)

6. 运输条款

运输条款主要包括装运时间、装运地、目的地、是否允许分批装运与转运、装船指示或装运通知等内容。

(1) 装运时间。装运时间又称装运期，是卖方将货物装上运输工具或交承运人的期限，常见表示方法有：

➢限于某一段确定时间，如 Shipping during April/May 2010 (2010 年 4/5 月装运)。

➢规定一个最迟装运日期，如 Shipping not later than July 15th，2010 (不迟于 2010 年 7 月 15 日装运)。

➢规定在收到信用证或汇款后一定期限内装运，如 Shipment within 60 days after receipt of L/C (收到信用证后 60 天内装运) 或 Shipment will be effected within 30 days after receipt of your 30% deposited of the total amount by T/T (收到你方 30%电汇货款后 30 天内装运)。

(2) 装运地和目的地。一般情况下都规定具体的一个装运地和一个目的地，如 from Shanghai to London (装运港上海，目的港伦敦)；有时也有规定两个或两个以上，如 Port of destination：London/Liverpool/Manchester (目的港：伦敦/利物浦/曼彻斯特)；有时甚至规定一个区域，如 Port of shipment：Chinese Main Ports (装运港：中国主要港口)。

(3) 分批装运和转运。

➢分批装运 (Partial Shipment)。分批装运是指一笔成交的货物，分若干批次在不同航次、车次、班次装运，常见的规定方法包括：

只规定允许分批装运，但对具体的批次和时间不作规定，如 Partial shipment is allowed。

规定允许分批装运，且规定具体的批次和时间，如 10 000pcs shipped during October，2010，20 000pcs shipped during November，2010。

不允许分批装运，如 Partial shipment is not allowed。

➢转运（Transshipment）。在装运地与目的地之间无直达航次或直达航次很少的情况下，往往规定转运条款，常见的规定方法包括：a. 只注明允许转船运输，但不作具体规定，如 Transshipment is allowed；b. 注明允许转船运输，并规定具体转运地点，如 Transshipped at Singapore。

(4) 装船指示或装运通知。

➢装船指示（Shipping Instruction）。装船指示是指 FOB 术语下，由买方在租船订舱完成后向卖方发出通知，将船名、航次、预计抵港时间告知卖方，以便卖方作好装船准备。

➢装运通知（Shipping Advice）。装运通知是卖方在货物装船后向买方发出通知，将已装船的货物情况、船名、航次、装船日期等电告买方，以便买方作好报关接货的准备。CFR 术语下，装运通知尤为重要，装运通知发出的及时与否，关系到买方为货物投保的时机把握。

7. 保险条款

保险条款主要包括投保责任归属、保险金额、投保险别和保险条款依据四部分内容。

(1) 投保责任归属。保险的投保责任归属决定于贸易术语性质，FOB、CFR、FCA、CPT 术语下，保险责任由买方负责；CIF 或 CIP 贸易术语下，投保责任归属卖方。

(2) 投保金额。被保险人向保险公司申报的保险标的的价值，即投保金额。按照国际贸易惯例，通常以合同金额的 110%作为投保金额。

(3) 投保险别。买卖双方应就保险标的的投保险别磋商一致，根据运输方式的特点、商品的特性等选择保险险别。

(4) 投保条款依据。我国出口商选择保险条款时一般倾向于选择中国保险条款（China Insurance Clause，简称 CIC），如果买方提出要求以伦敦协会货物保险条款（Institute Cargo Clause，简称 ICC）为依据投保，通常卖方也是可以接受的。

8. 支付条款

(1) 汇款支付方式的常见合同条款形式

➢装运前 T/T：如 The buyer shall pay 100% of the sales proceeds to the seller in advance by T/T not later than Feb. 14，2010. 买方应最迟于 2010 年 2 月 14 日把全部货款用电汇方式预付给卖方。

➢装运后见提单传真件 T/T：如 The buyer shall pay 100% of the sales proceeds to the seller by T/T against the fax of B/L. 买方应在收到卖方的海运提单传真件后，把全部货款电汇给卖方。

➢装运前 T/T＋装运后见提单传真件 T/T：如 The buyer shall pay 30% of the sales proceeds to the seller in advance by T/T before Jan. 1，2010，pay the balance by T/T against the fax of B/L. 买方应在 2010 年 1 月 1 日之前把 30%货款用电汇方式预付给卖方，余款在收到卖方的海运提单传真件后用电汇支付。

➢后 T/T：如 The buyer shall pay 100% of the sales proceeds to the seller by T/T within 30 days after the arrival of the goods. 买方应在货物到达目的地后的 30 天内把全部货款电汇给卖方。

（2）托收支付方式的常见合同条款形式

➢即期 D/P：如 Upon first presentation, the buyer shall pay against documentary drafts drawn by the sellers at sight. The shipping documents are to be delivered against payment only. 买方对卖方开立的即期跟单汇票须见票即付，付款后才能交单。

➢远期 D/P：如 The buyer shall duly accept the documentary draft drawn by the seller at 60 days after sight upon first presentation and make due payment on its maturity. The shipping documents are to be delivered against payment only. 在提示卖方开立的见票后 60 天付款的跟单汇票时，买方作出承兑。在汇票到期日进行付款，付款后才能交单。

➢ D/A：如 The buyer shall duly accept the documentary drawn by the seller at 60 days after sight upon first presentation and make due payment on its maturity. The shipping documents are to be delivered against acceptance. 在提示卖方开立的见票后 60 天付款的跟单汇票时，买方作出承兑。在汇票到期日进行付款，承兑后就能交单。

（3）信用证支付方式的常见合同条款形式

➢如 The buyer shall establish through a bank acceptable to the seller irrevocable Letter of Credit at sight to reach the seller before Dec. 30, 2010. 买方必须在 2010 年 12 月 30 日之前通过卖方可以接受的银行开立不可撤销的即期信用证并送达卖方。

➢如 The buyer shall establish irrevocable Letter of Credit at 60 days after B/L date, reaching the seller not late than Dec. 30, 2010 and remaining valid for negotiation in China for further 15 days after the effected shipment. 买方必须在 2010 年 12 月 30 日之前开立不可撤销的、海运提单日后 60 天付款的远期信用证并送达卖方，在装运之日后的 15 天内在中国交单议付有效。

（4）混合支付方式的常见合同条款形式

➢如 The buyer shall pay 30% of the sales proceeds to the seller in advance by T/T before Jan. 1, 2010, pay the balance by sight L/C which should be opened before Jan. 15, 2010. 买方应在 2010 年 1 月 1 日之前把 30%货款用电汇方式预付给卖方，余款通过即期信用证在 2010 年 1 月 15 日之前支付。

9. 商品检验条款

商品检验条款应包括检验权的归属、检验或复验的时间和地点、检验机构、检验内容等。

（1）检验权的归属、检验或复验的时间和地点。根据国际贸易惯例，检验权的归属、检验或复验的时间和地点的规定有以下五种方法：

➢在出口国产地检验。发货前，由卖方检验人员会同买方检验人员对货物进行检验，卖方只对在商品离开产地前的品质负责。货物离开产地后在运输途中的风险由买方负责。

➢装运港（地）检验。货物在装运前或装运时由双方约定的商检机构检验，并出具检验证明，作为确认交货品质和数量的依据。这种检验方式也称“离岸品质和离岸数量”。

➢目的港（地）检验。货物在目的港（地）卸货后，由双方约定的商检机构检验，并出具检验证明，作为确认交货品质和数量的依据。这种检验方式也称“到岸品质和到岸数量”。

➢买方营业处所或用户所在地检验。对于那些密封包装、精密复杂的商品，或需要安装调试后才能检验的产品，不宜在使用前拆包检验，可将检验推迟至买方营业处所或用户所在地，由双方认可的商检机构检验，并出具检验证明。

➢出口国检验，进口国复验。按照这种做法，装运前的检验证书作为卖方收取货款的出口单据之一，但货到目的地后，买方有复验权。如经双方认可的商检机构复验后，发现由于卖方责任导致货物不符合合同规定，买方可以在规定时间内向卖方提出异议和索赔，直至拒收货物。

（2）检验机构。一般来讲，我国进口商可以选择的检验机构主要有三种：

➢我国出入境货物检验检疫工作的主管机关——国家质量监督检验检疫总局及其分支机构。

➢我国的民间出入境货物检验检疫机构，如中国进出口商品检验总公司等。

➢国际性检验检疫机构或鉴定机构，如SGS等。

（3）检验内容。检验内容包括检验的项目、类别及所用的标准、方法等。

10. 索赔条款

索赔条款一般有两种规定方式：一种是异议和索赔条款，另一种是罚金或违约金条款。大多数买卖合同中只订有异议和索赔条款，只有在买卖大宗商品和机械设备等商品时，合同中才会同时订立上述两种条款。

（1）异议与索赔条款。主要包括索赔依据、索赔期限等内容。

➢索赔依据。索赔依据包括法律依据和事实依据两方面。前者是指贸易合同和适用法律的相关规定，后者是指违约的事实和书面证明。需由买卖双方认可的并具备检验鉴定权限的机构出具检验证书，作为索赔依据的书面证明，所以，买卖双方在索赔条款中应约定出证机构。

➢索赔期限。索赔期限包括约定索赔期限和法定索赔期限两种规定方法。前者由买卖双方约定索赔期限，并列入合同条款；后者是依据国家相关法律法规确定的索赔期限。国际货物买卖的法定索赔期限，《联合国国际货物销售合同公约》规定自买方收到货物之日起两年，我国《合同法》则规定索赔期限为4年。

规定索赔期限时需对索赔期限的起算时间作出明确规定。通常有下列几种方法：货到目的港后若干天起算，货到目的港卸离海轮后若干天起算，货到买方营业处所或用户所在地后若干天起算，货物检验后若干天起算，等等。

（2）罚金或违约金条款。罚金或违约金条款一般是针对卖方延期交货或买方延期付款或延迟接货的情况。其中，罚金条款是指具有惩罚违约方性质的条款，而违约金条款更多倾向于对被违约方的损害赔偿。罚金条款举例如下：In case of any delay delivery, the Seller should pay a penalty to the Buyer, which should not exceeds 5% of the total value of the goods involved in late delivery. The rate of penalty is charged at 0.5% of the total value or the goods delayed per week. If the period of delay exceeds 6 weeks after the stipulated delivery date, the Buyer has the right to cancel the contract and obtain the aforesaid penalty from the Seller for late delivery. 如卖方不能如期交货，则卖方因延期交货需向买方支付违约金，违约金不得超过货物价值的5%。违约金按照每7天收取延期交货部分货物价值的0.5%，不足7天者按7天计算。如卖方延期交货6周时，买方有权撤销合同，并要求卖方支付上述延期交货的违约金。

11. **不可抗力条款**

不可抗力（Force Majeure）是指买卖合同签订后，不是由于合同当事人的过失或疏忽，而是由于发生了合同当事人无法预见、无法预防、无法避免和无法控制的事件，以致不能履行或不能如期履行合同，发生意外事件的一方可以免除履行合同的责任或推迟履行合同。

不可抗力条款主要包括不可抗力事件的范围、处理原则和方法，不可抗力事件发生后通知对方的期限和方式，出具相应证明文件的机构等内容。不可抗力条款如：If the shipment of the contracted goods is prevented or delayed in whole or in part by reason of war, earthquake, flood, fire, storm, heavy snow or other causes of Force Majeure, the seller shall not be liable for non—shipment or late shipment of the goods of this contract. However the seller shall notify the buyer by cable or telex and furnish the latter within 7 days by registered airmail with a certificate issued by the relevant organization acceptable by the buyer attesting such events or events. 如因战争、地震、水灾、火灾、暴风雨、雪灾或其他不可抗力原因致使卖方不能全部或部分装运或延迟装运合同货物，卖方对这种不能装运或延迟装运本合同货物不承担责任。但卖方须用电报或电传通知买方，并须在7天内以航空挂号信件向买方提交由买方接受的相关机构出具证明此类事故的证明书。

12. **仲裁条款**

仲裁（Arbitration）是指买卖双方在争议发生之前或发生之后，签订书面协议，自愿将争议提交双方所同意的第三者予以裁决（award），以解决争议的一种方式。由于仲裁是依照法律所允许的仲裁程序裁定争端，因而裁决具有法律约束力，当事人双方必须遵照执行。《中华人民共和国仲裁法》规定，当事人采用仲裁方式解决纠纷，应当双方自愿，达成仲裁协议。没有仲裁协议，只有一方申请仲裁的，仲裁机构将不予处理，即书面仲裁协议的存在是仲裁条款生效的条件；仲裁协议应当具有请求仲裁的意思表示、仲裁事项和选定的仲裁机构三项内容。

五、实训项目

2010年9月5日，厦门周天有限公司（Xiamen Zhoutian Corporation, No. 1198, Dongfanglu Rd, Xiamen, 361000, China）外贸业务员王敏与日本 Wit Co., Ltd. 公司代表谈判，双方关于 DP—02 打火机达成如下协议：

单价：0.4美元/件，CFR TOKYO

数量：1 200 000 件

包装：1 000 件装一个出口纸箱，纸箱尺寸为 38.5 厘米×24.5 厘米×23.4 厘米，每箱毛重为 13 千克，净重为 12 千克。

运输：采用 1 个 20 英尺集装箱；收到信用证后 30 天内装运；从厦门到东京，允许转运，不允许分批装运。

保险：由买方按 CIF 金额的 110%投保一切险。

支付：货款采用不可撤销即期信用证支付，该信用证不迟于 2010 年 9 月 25 日开抵卖方。

请填写以下合同中各条款内容，使其成为一份完整的进口合同。

PURCHASE CONTRACT

NO. LL787　　DATE：SEP 6，2010

THE SELLER：Xiamen Zhoutian Corporation，

No. 1198，Dongfanglu Rd，Xiamen，361000，China

THE BUYER：

Wit Co.，Ltd.

520-13-14，Tsurukawa，Tamachi-shi，Tokyo，Japan

This Contract is made by and between the Buyer and Seller，whereby the Buyer agrees to buy and the Seller agrees to sell the under-mentioned commodity according to the terms and conditions stipulated below：

Commodity & Specification	Quantity	Unit Price	Amount
(1)	(2)	(3)	(4)
Total			
Total Contract Value：(5)			

MORE OR LESS CLAUSE：

(6) ____________________

PACKING：(7) ____________________

TIME OF SHIPMENT：

(8) ____________________

PORT OF LOADING AND DESTINATION：

(9)

TRANSSHIPMENT IS: (10)________ **AND PARTIAL SHIPMENT IS:** (11)________

INSURANCE: (12)________

TERMS OF PAYMENT: (13)________

Signed by:

THE SELLER:

Xiamen Zhoutian Corporation,

×××

THE BUYER:

Wit Co., Ltd.

×××

工作任务六

进出口善后处理

一、学习目标

➢能力目标：能根据业务完成情况给国外客户书写业务善后函，掌握客户维护和客户关系管理的技巧，善于灵活处理争议与索赔。

➢知识目标：掌握进出口贸易客户管理，熟悉常见业务善后函的书写。

二、工作项目

2010 年 8 月 20 日，福建环宇进出口有限公司收到福州市兴业银行的结汇收账通知（银行水单）如下：

外汇结汇收账通知（人民币）		福州市兴业银行
□日期：2010 年 8 月 20 日		第五联
□户名：福建环宇进出口有限公司		
□账号：591081009988		
□外汇金额：USD51 400.00	□牌价：USD1＝RMB6.7213	□人民币金额：RMB345 474.82
□摘要 业务编号：122BJ0700145 发票金额：USD51 480.00 国外扣费：USD25.00 国内扣费：USD55.00 扣费合计：USD80.00 申报码：32010000550108102OP027 核销单号：338667753	发票号码：HY09068 备注：	□净额：USD51 400.00
□会计　陈红	□复核　李静	□记账　王萍

外贸业务员徐娟应完成以下任务：

➢任务 1：给 Willi Gmbh & Co. KG 的经理 Alan Lee 书写业务善后函。

➢任务 2：办理出口收汇核销工作。

➢任务 3：办理出口退税工作。

三、操作示范

第一步：书写业务善后函。

2010 年 8 月 21 日，徐娟拿出本笔交易的有关资料，对整笔业务进行回顾，并给 Willi Gmbh & Co. KG 的经理 Alan Lee 书写并发送如下业务善后函，一方面表示感谢，另一方面附上公司最新的价格清单以期新的合作。

> 发件人：xujuan @ fjhy. com. cn
> 收件人：Alan @ willi. com. de
> 日　期：2010-8-21　10：25：24
> 主　题：Thanks for your good cooperation and the latest illustrated price list for you
> 附　件：The latest illustrated price list. Doc
>
> Dear Mr Alan,
>
> We are very much pleased to have received USD51 480. 00 against L/C No. FJ4577288 under Contract No. FZHY10021. You can be sure that the goods shipped will meet your needs just well. We believe the conclusion of this transaction will help to further our mutual understanding and pave the way for more business in the future.
>
> In order to promote commercial intercourse with overseas business circle, we are pleased to take steps in world trade. Not only various terms of payment, but more forms of business cooperation can be adopted in the time to come. Needless to say, with the development of our trade relations, there will be more and more topics of interest to be discussed between us. We are expecting your advice.
>
> As you might not be aware of the new development in our product range, we are airmailing to you a copy of our latest illustrated price list. If any item interests you, please let us know. We will give you a special discount of 3% for orders exceeding USD100 000 to promote sales at your end.
>
> We hope our handling of your first order will lead to further transactions between us and look forward to your favorable reply.
>
> Yours truly,
>
> Xu Juan
>
> Fujian Huanyu Import and Export CO., Ltd.
> 203 Fufeilu street, Fuzhou, China
> Tel：0086-0591-8832××××
> Fax：0086-0591-8832××××
> E-mail：xujuan @ fjhy. com. cn

第二步：办理出口收汇核销工作。

2010 年 8 月 21 日，徐娟根据银行结汇通知，填写出口收汇核销报告表，持从海关盖“验讫章”后退回的出口收汇核销单的正联和出口退税专用联、出口货物报关单的收汇核销联及其他规定的单据（如发票、合同等），到福建省外汇管理局办理出口收汇核销手续。

第三步：办理出口退税工作。

2010 年 8 月 23 日，徐娟在收汇核销后凭填制好的出口货物退免税申报表及有关单据，即购进出口货物的专用发票（税款抵扣联）或普通发票，购进出口货物对应的、经银行签章的税收（出口货物专用）缴款书，出口货物销售明细账，盖有海关验讫章的出口货物报关单

（出口退税联），盖有外汇管理机关核销章的出口收汇核销单（出口退税专用联），出口销售发票等，向国家税务部门办理了出口退税工作。

四、知识链接

（一）出口善后函的格式

出口商履行完合同中的相关责任义务，收到银行结汇收账通知后，出口业务就进入了善后阶段。拟写出口善后函是一个重要的工作，它是对整笔业务的回顾，有利于确立买卖双方间长期的业务伙伴关系。出口善后函的格式与一般商务函电一致，在书写内容上因结汇顺利与否而稍有区别。

1. 单证一致，顺利结汇时的善后函

单证一致，顺利结汇时，由于整笔交易进行顺利，出口商可以对本笔业务进行大致的回顾，表示感谢对方所做的努力，向对方表达与其建立长期友好的业务关系的良好愿望，或借此推荐新产品，等等。例如：

We are glad to know that the issuing bank has honored our draft against L/C No. AB001234.

We hope this deal will be the basis of the further development of our business relationships.

We can ensure that you will find the goods shipped to your entire satisfaction.

We are looking forward to your repeat orders.

2. 单证不符，不能顺利结汇时的善后函

单证不符，不能顺利结汇时，善后函的具体内容会因为不符合单据点的不同而不同，但总的来说，出口商在善后函中首先应当对进口商因单据不符造成的不便和损失表示歉意，表明尽力采取补救措施的诚意以及对损失承担责任的态度，同时说明货物与合同一致的事实，提出希望对方付款的要求。当然，有时作出一些具体的让步，如适当减价，也是必要和明智的。例如：

We feel deeply sorry for the mistake in our negotiation documents.

We really hope this incident will not affect negatively our friendly cooperation.

We can guarantee that the quality of the goods is exactly in line with the stipulations of the relative contract.

（二）进出口贸易客户管理现状

进出口贸易客户管理，是指进出口商对其现有客户或潜在客户进行科学管理，其理论源于客户管理理论。目前，进出口贸易实践中仍然大量存在两种现象：

1. “重操作、轻管理”

进出口贸易实践中业务员对进出口贸易的理解更多集中在一笔或多笔业务的操作实践上，在一定程度上体现出“重操作、轻管理”的思想。在这种思想的指导下，进出口贸易人员虽能将一笔或多笔业务的操作实践研究得深入透彻，却还不能把企业的所有业务与企业的长期、可持续发展融合起来。要做到这一点，进出口商就必须强化管理意识，尤其是对客户

资源的管理，企业对客户资源的管理模式、管理技术与手段、管理目标等是进出口商客户管理水平的重要体现。

2. “重开发、轻维护”

进出口贸易实践中，即便是注意客户管理的进出口商，也极易陷入“重开发、轻维护”的误区。人们对客户资源的重要性有共识，企业不惜加大投入开发客户，然而，每年新增客户的同时，往往相伴而生的是老客户的流失，这种现象存在下去，不仅危害到企业长期、稳定、可持续的发展，而且会使企业在不断的客户开发中增加成本负担。

（三）进出口贸易客户管理的原则

1. 加强与客户沟通，建立良好合作关系

只有与客户建立良好的合作关系，才能为企业良性发展奠定坚实的基础。沟通是建立客户关系最好的途径之一。

进出口贸易公司与其客户之间的合作应该是基于一种健康良好关系基础之上的合作，这样就需要坚持“诚信为本、热情服务”。作为进出口贸易公司的业务员，要有全局观念，要有长远眼光，要从大处着眼、小处着手，要在“互利双赢”的基础上构建良好的合作模式，培育融洽的合作氛围。

2. 深化企业内涵建设，以高质量的服务或商品占领市场

进出口贸易企业有流通型和生产型两类。流通型外贸企业应以高质服务吸引客户，生产型外贸企业则应以高质产品占领市场。进出口贸易公司在客户管理上希望取得好的效果，就必须深化内涵建设，提高管理水平，以高质量的商品与服务作后盾提升企业整体水平与层次。

3. 关注客户各自特点，提供人性化服务

现代管理理论将差异化服务与人性化服务作为当代重要的管理理念来推广。作为进出口贸易企业，不论是把自己生产的产品销往国外还是从国外购入所需商品，不论是为国内厂商寻找境外买主还是为国内买家寻找境外供应商，都应该关注客户各自不同的特点，对每一个客户、每一笔交易认真分析，根据每一个客户、每一笔业务的特点，提供有针对性的人性化、差异化服务。在共性服务的基础上，人性化服务更能满足具体客户的要求，使客户与进出口贸易公司的合作有更坚实的基础。

4. 合理规避客户流失

积极深入客户经营的各个领域，提高客户对进出口贸易公司的依存度。在一定程度上利用“锁定效应”，合理规避客户流失，从而保证客户资源与客户规模的相对稳定，为企业发展提供稳定的基础。

（四）进出口贸易客户管理的基本流程

1. 客户调查

进出口商进行客户管理的目的在于维护现有客户、开发潜在客户。无论是维护现有客户还是开发潜在客户，对客户资源信息进行必要的搜集是客户管理工作的基础。进出口商要调查包括客户基础资料和核心特征在内的众多信息，如客户的地址、电话、组织形式、资产等，还要掌握核心客户的经营观念、经营方向、经营特点等。这些基础资料是进出口贸易企业进行客户管理的基础。

2. 客户细分

客户细分是进出口商提高客户管理水平的重要工作内容，是指根据客户的不同特征将客户进行分类，对细分后的每一类客户采取有针对性的措施以维护现有客户或吸引潜在客户。只有准确、深入地细分客户，才能保证客户的不同需求得以体现，进出口商应根据客户的真实需求，调整合作方式，采取措施尽可能满足客户的需求，提高客户的满意度和忠诚度，才能实现客户的锁定效应。

3. 客户流失分析

进出口贸易实践中，客户流失是时有发生的，进出口商应该首先分析客户流失的原因。如果由于自然原因导致客户流失，企业应该正常对待；如果是由于竞争对手的某些竞争行为流失，企业就应该了解竞争对手的优惠措施内容，并结合企业自身情况妥善处理，这种客户流失是外因造成的流失；如果客户的流失是由于内因造成的，如由于进出口业务员的工作态度不友善、回答问题不积极、专业水平有待商榷等问题造成客户对进出口商不满意时，进出口商应该积极查找内因、分析内因，并采取相应的措施，尽可能降低影响，弥补损失，同时，总结经验，改进不足。

（五）争议与索赔

争议（disputes）是指交易的一方认为另一方未能全部或部分履行合同规定的责任而引起的业务纠纷。索赔（claim）是指在国际货物买卖过程中，因一方违反合同规定，直接或间接地给另一方造成损失，受损方向违约方提出赔偿要求，以弥补其所受损失；理赔是指违反合同的一方受理受损方提出的赔偿要求的表示。

索赔与理赔是一个问题的两个方面，在受害方是索赔，在违约方是理赔。

1. 引起争议的原因

交易中双方引起争议的原因很多，大致可归纳为以下几种情况：

（1）卖方违约。不按合同的交货期交货，或不交货，或所交货物的品质、规格、数量、包装等与合同（或信用证）规定不符，或所提供的货运单据种类不齐、份数不足等。

（2）买方违约。在按信用证支付方式条件下不按期开证或不开证；不按合同规定付款赎单，无理拒收货物。

（3）买卖双方均负有违约责任。如合同条款规定不明确，致使双方理解或解释不统一，造成一方违约，引起纠纷；或在履约中，双方均有违约行为。

在国际贸易中，任何一方违反合同规定的义务，不履约或不按合同规定履约，一般来说就构成违约行为。违约的一方要承担损害赔偿责任，对方有权提出赔偿要求，直至解除合同。只有当履约中发生不可抗力的事故，致使一方不能履约或不能按期履约时，才可根据合同规定或法律规定免责。

2. 正确选择索赔对象

在外贸业务中，索赔大部分是发生在进口业务中。在进口索赔过程中，应根据造成损失的原因，分别向有关责任方索赔。

（1）向卖方索赔。卖方不交货或不按期交货或交货的品质、数量、包装与合同规定不符等，均构成卖方违约，卖方应承担违约的法律责任。根据有关法律和国际公约的规定，买方可以根据卖方违约所造成的结果，区别情况，依法提出撤销合同或提出损害赔偿。

(2) 向承运人索赔。承运人是指在运输合同中，通过铁路、公路、航空、内河运输或这些方式的联合运输，承担履行运输任务或运输业务的任何人。进口的货物，如发生残损或到货数量少于提单所载数量，而运输单据是清洁的，则表明是承运人的过失造成货物残损、缺少，买方即可根据不同运输方式的有关规定，及时向有关承运人提出索赔。

(3) 向保险公司索赔。如由于自然灾害、意外事故或运输装卸过程中事故等致使货物受损，并属于承保范围以内的，应向保险公司索赔。凡属于承运人的过失造成的货物残损、遗失，而承运人不予赔偿或赔偿金额不足抵补损失的，只要属于保险公司承保范围以内的，也应向保险公司提出索赔。

3. 进口索赔工作要点

一是制作索赔证据。首先制定索赔清单，随附商检部门的检验证书、发票、装箱单、提单副本。其次，根据不同的索赔对象，另附不同的证明文件，向卖方索赔时，应在索赔证件中提出确切的根据或理由；向轮船公司索赔时，须另附由船长及港口理货员签证的理货报告及船长签证短卸或残损证明；向保险公司索赔时，须另附保险公司与买方的联合检验报告。

二是计算索赔金额。根据国际贸易惯例，买方向卖方索赔的金额应与因卖方违约所造成的实际损失相等，除受损商品的价值外，有关的费用也可提出，如商品检验费、装卸费、仓租费、合理的预期利润等也应计入索赔金额。

三是索赔期限。索赔应在合同规定的索赔有效期内提出，过期无效。如果商检工作可能需要更长的时间，可向对方要求延长索赔期限。《公约》规定，买方向卖方行使索赔权的最长期限是自其实际收到货物起不超过2年，我国规定为4年。向轮船公司索赔期限为货物到达目的港交货后1年之内；向保险公司索赔的期限为自货物在最后卸货地卸离运输工具时起算，最多不超过2年。但索赔一旦提出，就不再受索赔期限的限制。

4. 出口索赔工作要点

要认真细致地审核国外买方提出的单证和出证机构的合法性。

注意调查研究，弄清事实，分清责任。要向货物的生产部门、国外运输部门了解货物品质、包装、存储、运输等情况，查明货差货损的原因和责任对象。如果确属我方责任，就应实事求是地予以赔偿。对国外商人提出的不合理要求，应给予详细解释，对无理取闹的应以理拒绝并予以揭露。

合理确定损失和赔付办法。赔付办法，可以采取赔付部分货物、退货、换货、补货或修理，或赔付一定金额，或对索赔货物给予价格折扣，或按残次货物百分比对全部货物降价等。

五、实训项目

2010年11月10日，厦门周天有限公司外贸业务员王敏收到中国农业银行厦门市分行收账通知（银行水单）如下：

<table>
<tr><td colspan="3">外汇结汇收账通知（人民币）</td><td>中国农业银行厦门市分行</td></tr>
<tr><td colspan="3">□日期：2010 年 11 月 10 日</td><td>第五联</td></tr>
<tr><td colspan="4">□户名：厦门周天有限公司</td></tr>
<tr><td colspan="4">□账号：767081008630</td></tr>
<tr><td>□外汇金额：USD478978.50</td><td colspan="2">□牌价：USD1＝RMB6.809 4</td><td>□人民币金额：RMB 3 261 556.197 9</td></tr>
<tr><td colspan="4">□摘要　　□净额：USD478 978.50
业务编号：11 1BP0700178　　发票号码：ZT08058
发票金额：USD480 000.00
国外扣费：USD60.00
国内扣费：USD961.50　　备注：
扣费合计：USD1 021.50
申报号码：330100007701081020P0295
核销单号：33866783</td></tr>
<tr><td>□会计　王丽</td><td>□复核　李红</td><td colspan="2">□记账　张静</td></tr>
</table>

➢任务 1：书写业务善后函。

2010 年 11 月 15 日，王敏拿出本笔交易的有关资料对整笔业务进行回顾：

L/C No.：XM4523268

Contract No.：LL787

Commodity：lighterDP-02

并给 Wit Co.，Ltd. 的经理 Jack 书写业务善后函。一方面表示感谢，另一方面附上公司最新的价格清单希望有新的合作。

➢任务 2：办理出口收汇核销工作。